HERIBERT FRANZ KÖCK

Vertragsinterpretation und Vertragsrechtskonvention

Schriften zum Völkerrecht

Band 51

Vertragsinterpretation und Vertragsrechtskonvention

Zur Bedeutung der Artikel 31 und 32 der
Wiener Vertragsrechtskonvention 1969

Von

Heribert Franz Köck

DUNCKER & HUMBLOT / BERLIN

Der Verfasser, *Heribert Franz Köck,* Dr. iur. (Wien), M. C. L. (University of Michigan, Ann Arbor), ist Dozent am Institut für Völkerrecht und Internationale Beziehungen der Universität Wien.

CIP-Kurztitelaufnahme der Deutschen Bibliothek

Köck, Heribert Franz
Vertragsinterpretation und Vertragsrechtskonvention: zur Bedeutung d. Art. 31 u. 32 d.
Wiener Vertragsrechtskonvention 1969. — 1. Aufl. —
Berlin: Duncker und Humblot, 1976.
 (Schriften zum Völkerrecht; Bd. 51)
 ISBN 3-428-03739-1

Alle Rechte vorbehalten
© 1976 Duncker & Humblot, Berlin 41
Gedruckt 1976 bei Berliner Buchdruckerei Union GmbH., Berlin 61
Printed in Germany
ISBN 3 428 03739 1

Alfred Verdross

in dankbarer Verehrung

Vorwort

Trotz fortschreitender Kodifikation des Völkerrechts und damit gegebener kontinuierlicher Umwandlung vom traditionell vorherrschenden Gewohnheitsrecht zum geschriebenen (hier: Vertrags-) Recht[1], ist für die Praxis, aber auch für die Wissenschaft, wo sie die Funktion der Lehre ausübt, noch immer weithin die Feststellung der Existenz von für einen konkreten Fall anwendbarem positiven Völkerrecht und seine adäquate Formulierung in Rechtssatzform vordringliche Aufgabe. Sie gehen dabei zwar nicht ohne jede Rücksicht auf Methode vor, reflektieren diese aber nicht im selben Maße, wie dies im Rahmen anderer juristischer Disziplinen geschieht. Methodenlehre, ja Methodenerkenntnis ist der Völkerrechtswissenschaft daher abgesprochen worden[2].

Ob man dies als ein Positivum oder als ein Negativum betrachtet, hängt ausschließlich davon ab, ob man methodologischen Betrachtungen einen entscheidenden potentiellen Erkenntniswert für den Gegenstand „Völkerrecht" selbst zuschreibt. Die Auffassungen darüber sind geteilt. Während die einen es bejahen und damit das Fehlen „wohlbegründete[r], ausgereifte[r] und gesicherte[r] Erkenntnisverfahren" und folglich, „bei Anlegen strenger Maßstäbe, [von] ‚Methoden im eigentlichen Sinn'" beklagen[3] — wobei im übrigen ohnedies dahingestellt bleiben muß, warum das Fehlen einer (spezifisch?) völkerrechtlichen Methode methodisches Vorgehen im Völkerrecht schlechthin und nicht eben bloß etwa sog. Methodenpurismus unmöglich machen soll —, kann man nicht selten auch die Auffassung hören, die Völkerrechtswissenschaft könne sich ob des Umstandes glücklich schätzen, daß die Erfassung und Aufbereitung des Rechtsstoffes zum Zwecke der Anwendung unter dem Druck der sich rasch ändernden internationalen Gegebenheiten sie völlig auslaste und damit davor bewahre, sich in „letztlich fruchtlosen" methodologischen Auseinandersetzungen zu verlieren. Und im übrigen kann eine solche Relativierung des Wertes von Methodenfragen schließlich auch das Ergebnis methodologischer Überlegungen

---

[1] Vgl. hiezu *Zemanek*, „Die Bedeutung der Kodifizierung des Völkerrechts für seine Anwendung", Internationale Festschrift für Alfred Verdross zum 80. Geburtstag, 1971, 565 ff.

[2] So von *Schüle*, „Methoden der Völkerrechtswissenschaft", 8 AV (1959/60), 129 ff.; *ders.*, Völkerrechtswissenschaft, Methoden der", WV III (2. Aufl. 1972), 775 ff.

[3] *Schüle*, ibid. (AV), auf 129.

sein, die dazu führen, daß sich der Völkerrechtler „auf den pragmatischen Standpunkt stellt, daß alle Methoden brauchbar sind, solange man durch sie nur neue Erkenntnisse gewinnt"[4].

Die vorliegende Untersuchung beabsichtigt nicht (und kann es noch viel weniger beanspruchen), die Frage nach der Notwendigkeit oder Zweckmäßigkeit einer völkerrechtlichen Methodenlehre zu beantworten. Sie ist überhaupt nicht als direkte Aussage zu dieser Frage gedacht. Indirekt mag sie allerdings vielleicht einen Beitrag dazu leisten, indem sie versucht, zu einem in juristischen Methodenlehren immer wieder ausführlich behandelten Problem, dem der Auslegung, traditionelle Positionen mit neu aufgenommenen zu konfrontieren und den Niederschlag (oder das Fehlen eines solchen) dieser Positionen im bisherigen Völkergewohnheitsrecht und nunmehrigen (kodifizierten) Völkervertragsrecht aufzuzeigen. Sollte es sich nämlich herausstellen, daß methodologische Überlegungen einer Erhellung des Interpretationsproblems im Rahmen einer Doktrin des positiven Völkerrechts bisher mehr hinderlich als förderlich gewesen sind, so müßte dies als rechtstheoretisch bedenklich, und sollte sich erweisen, daß solche methodologischen Überlegungen einen Hemmschuh für das dargestellt haben, was Art. 13 Ziff. 1 lit. a SVN die fortschreitende Entwicklung *(progressive development)* des Völkerrechts nennt, so müßte dies als rechtspolitisch bedauerlich angesehen werden. Zumindest in diesem Punkt wäre dann der Wert jedenfalls der traditionellen Methodologie in Frage gestellt.

Die vorliegende Untersuchung ist in drei Teilen angelegt. Der Erste soll eine systematische Übersicht darüber sein, was Praxis und Wissenschaft — zumeist insoweit Hand in Hand arbeitend, als hier die erstere durch die letztere im Wege der personellen Zusammensetzung internationaler Entscheidungsinstanzen wesentlich (mit-)bestimmt wurde — zum Auslegungsproblem vor der Kodifikation des völkerrechtlichen Vertragsrechts in der WVK 1969 anzubieten hatten. Der Zweite Teil bringt grundsätzliche Überlegungen zum Interpretationsproblem und versucht vor allem, Rechtsregeln der Auslegung von rechtlich unerheblichen „Regeln" zu scheiden. Im Dritten Teil wird eine Analyse der Interpretationsartikel der WVK gegeben und gleichzeitig der Versuch unternommen, zu zeigen, inwieweit die dort niedergelegte Regelung noch in den Bahnen überkommener Auffassungen verläuft.

Was die Darstellung der das Auslegungsproblem betreffenden Völkerrechtspraxis aus der Zeit vor der Kodifikation des völkerrechtlichen Vertragsrechts anlangt, so muß man sich stets vor Augen halten, daß

---

[4] *Zemanek*, „Was kann die Vergleichung staatlichen öffentlichen Rechts für das Recht der internationalen Organisationen leisten?", 24 ZaöRV (1964), 453 ff., auf 460.

diese Praxis — wie die Staatenpraxis überhaupt — im wesentlichen unzugänglich ist, weil der größte Teil noch unveröffentlicht in den Archiven der Außenämter ruht und ihre Erfassung, ja auch eine bloß oberflächliche Durchsicht oder eine Durchforstung aller dieser Archive unter nur einem bestimmten Gesichtspunkt praktisch nicht durchgeführt werden kann. Neben offiziellen und privaten Sammlungen internationaler Entscheidungsinstanzen ist man daher hauptsächlich auf jene (Teil-) Veröffentlichungen angewiesen, die auf der Grundlage und unter besonderer Berücksichtigung der Praxis eines bestimmten Staates das Material darbieten, aus dem das Völkergewohnheitsrecht gewonnen werden kann. Hier sind die drei amerikanischen Sammlungen von *Moore, Hackworth* und *Whiteman* immer noch wegweisend, wenn auch nicht mehr alleinstehend; und in der Tat hat der Verfasser gerade aus dem 14. Band von *Whiteman,* Digest of International Law (1970), den Hinweis auf eine Fülle wertvollen Materials ziehen können. Der Verfassser hat es sich dabei aber angelegen sein lassen, grundsätzlich auf die verwiesene Quelle zurückzugreifen; wo dies nicht möglich war, ist die Sekundärquelle, aus der geschöpft wurde, angegeben.

Für die Darstellung der Interpretationsartikel der WVK im Dritten Teil der Untersuchung darf der Verfasser es sich zum Vorteil anrechnen, daß er als Mitglied der österreichischen Delegation zur Wiener Vertragsrechtskonferenz der Vereinten Nationen 1968/69 unter den Delegationschefs, den Herren Professoren an der Universität Wien Dr. *Stephan Verosta* und Dr. *Karl Zemanek,* unmittelbar am Werden der WVK in allen Phasen des Ringens um die Formulierung ihrer einzelnen Bestimmungen teilnehmen durfte. Allein und gemeinsam mit einem anderen Delegationsmitglied, seinem lieben Freund und Kollegen, Herrn Universitätsdozent Dr. *Peter Fischer,* hat der Verfasser sich seither bereits ausführlich mit verschiedenen Aspekten des völkerrechtlichen Vertragsrechts beschäftigt und dabei die Erfahrung machen können, daß auch eine völkerrechtliche Kodifikationskonvention kaum bloßer Abschluß, sondern jedenfalls auch Neubeginn von Entwicklungen auf dem betreffenden Rechtsgebiet ist. —

Ausgangspunkt der vorliegenden Untersuchung war ein Vortrag, den der Verfasser im Rahmen seines Habilitationsverfahrens im Wintersemester 1974/75 an der rechts- und staatswissenschaftlichen Fakultät der Universität Wien gehalten hat. Für die Aufnahme der Arbeit in das Programm des Verlages Duncker & Humblot schuldet der Verfasser dem Verlagsinhaber, Herrn Senator E. h. Ministerialrat a. D. Professor Dr. *Johannes Broermann,* besonderen Dank. Dem für die Reihe „Schriften zum Völkerrecht" zuständigen Frl. *Gertraude Michitsch* von der Abt. Herstellung des Verlages Duncker & Humblot sei für die in Zusammenhang mit der Drucklegung aufgewendete Sorgfalt gedankt.

Schließlich dankt der Verfasser auch dem wissenschaftlichen Mitarbeiter am Institut für Völkerrecht und internationale Beziehungen der Universität Wien, Herrn Dr. *Peter Reichl,* für seine in Zusammenhang mit der Zustandebringung der einschlägigen Literatur aufgewendete Mühe und Herrn *Kent D. Beveridge* für die Durchsicht des der Arbeit beigegebenen English Summary.

Der Nestor der Wiener Schule des Völkerrechts und der Rechtsphilosophie, Herr emer. o. Univ. Prof. Dr. Dr. h. c. mult. *Alfred Verdross,* ist in den fast zwei Jahrzehnten seiner Funktion als Richter am Europäischen Gerichtshof für Menschenrechte stets für eine dem hohen Zweck und Ziel der Europäischen Menschenrechtskonvention gerecht werdende Auslegung derselben eingetreten. Ihm sei dieses Buch als bescheidene Gabe dargebracht.

Wien, im Herbst 1976

Heribert Franz Köck

Inhaltsverzeichnis

Erster Teil

Die Auslegung völkerrechtlicher Verträge in Praxis und Lehre vor der Wiener Vertragsrechtskonvention 1969 17

I. Gebotenheit und Erlaubtheit von Interpretation 20

II. Die Funktion der Vertragsauslegung 22

III. Die Qualifizierung des Interpretationsvorgangs 23

IV. Das Ziel der Auslegung 26

V. Auslegungsmittel 29

    A. Der Text des Vertrages 29
        1. Der Vertrag als Ganzes 29
        2. Der Zusammenhang 30

    B. Sonstige Auslegungsmittel 31
        1. Die travaux préparatoires 32
        2. Quasi-Annexe 37
        3. Deklarationen und sonstige Äußerungen der Unterhändler 38

    C. Zweck und Ziel des Vertrages 39

    D. Verhältnis des Vertrages zu sonstigen Normen des Völkerrechts .. 41

    E. Die vertragsbezügliche Praxis 42

    F. Traditionelle Auslegungsregeln 45
        1. Allgemeines 45
        2. Die ordinary meaning-rule 45
        3. Die Pflicht zur bona fides 47
        4. Billigkeit und Vertragsauslegung 48
        5. Specialia regunt generalia 49
        6. Vertragsauslegung und favor contractus 49
        7. Weite und enge Auslegung 51
        8. Ein punitiver Aspekt der Auslegung? 53

VI. Zusammenfassung 54

Zweiter Teil

Die Auslegung von Rechtstexten überhaupt — 56

I. Das Interpretationsproblem als Scheinproblem 56

II. Verstehen und Auslegen 57

III. Der Weg zum Verstehen 58

    A. „Klare" Texte 58

    B. „Unklare" Texte 59

    C. Verschiedene „Stationen" auf dem Weg zum Verstehen 59

    D. Zur Definition der Auslegung 60

    E. Objektive und subjektive Klarheit 63

    F. Objektive und subjektive Unklarheit 64

IV. Die Auslegung 66

    A. Verschiedene Funktionen der Auslegung 66

    B. Das Ziel der Auslegung 67

    C. Die Auslegung als allgemein-hermeneutisches Problem 68

    D. Auslegung — ein juristisches Problem? 71

    E. Der Gegenstand der Auslegung 73

        1. Textverstehen als Sachverstehen 73

        2. Rechtstextverstehen als Verstehen von Recht 74

V. Zusammenfassung 75

Dritter Teil

Die Auslegung völkerrechtlicher Verträge nach der Wiener Vertragsrechtskonvention 1969 — 77

I. Der Weg zum Interpretationskanon der Wiener Vertragsrechtskonvention 77

II. Zum völkerrechtlichen Normcharakter von Interpretationsregeln im allgemeinen 79

III. Der Interpretationskanon der Wiener Vertragsrechtskonvention 83

    A. Die Grundregel 83

        1. Die Pflicht zur bona fides 85

        2. Die ordinary meaning-rule 86

        3. Object and purpose 88

        4. Der Zusammenhang 89

B. Ergänzende Auslegungsmittel 92
    1. Die ihnen von der Wiener Vertragsrechtskonvention zugewiesene Rolle 93
    2. Ihre wahre Bedeutung 95

IV. Zusammenfassung 95

Ergebnis 98

Summary 100

Literaturverzeichnis 103

Verzeichnis der zitierten Fälle 112

Personenverzeichnis 114

Sachwortverzeichnis 117

Abkürzungsverzeichnis

ABAJ	=	American Bar Association Journal
ABGB	=	Allgemeines bürgerliches Gesetzbuch
ADPILC	=	Annual Digest of Public International Law Cases
AFDI	=	Annuaire français du droit international
AJIL	=	American Journal of International Law
Anm.	=	Anmerkung(en)
Art., art.	=	Artikel, article
Aufl.	=	Auflage(n)
AV	=	Archiv des Völkerrechts
Bd(e).	=	Band, Bände
bdg.	=	bändig
betr.	=	betreffend
BGB	=	Bürgerliches Gesetzbuch
BYIL	=	British Yearbook of International Law
bzgl.	=	bezüglich
bzw.	=	beziehungsweise
can.	=	canon
CIC	=	Codex Iuris Canonici
CWh	=	Committee of the Whole
ders.	=	derselbe.
d. h.	=	das heißt
Doc(s).	=	Document(s)
f., ff.	=	folgende
FV	=	Friedensvertrag
GB	=	Großbritannien
gem.	=	gemäß
GJICL	=	Georgia Journal of International and Comparative Law
Hrsg., hrsg.	=	Herausgeber, herausgegeben
Hvhbg.	=	Hervorhebung
ibid.	=	ebenda
ICJ	=	International Court of Justice
ICLQ	=	International and Comparative Law Quarterly, The
i. e. S.	=	im engeren Sinn
IG	=	Internationaler Gerichtshof

IJIL	=	Indian Journal of International Law, The
ILC	=	International Law Commission
ILR	=	International Law Reports
insbes.	=	insbesondere
i. w. S.	=	im weiteren Sinn
JDI	=	Journal de droit international
lit.	=	Buchstabe
LNTS	=	League of Nations Treaty Series
m. E.	=	meines Erachtens
NF	=	Neue Folge
No(s)., n.	=	Nummer(n)
NRGdT	=	Nouveau Recueil Général de Traités
ÖJZ	=	Österreichische Juristen-Zeitung
Orig.	=	Original
ÖZA	=	Österreichische Zeitschrift für Außenpolitik
ÖZöR	=	Österreichische Zeitschrift für öffentliches Recht
PASIL	=	Proceedings of the American Society of International Law
PCIJ	=	Permanent Court of International Justice
RdC	=	Recueil des Cour de l'Académie de droit international de La Haye
RDISPD	=	Revue de droit international, de sciences diplomatiques et politiques
Rev.	=	Revision
RGDIP	=	Revue général de droit international public
RivDI	=	Rivista di diritto internazionale
s.	=	siehe
Ser.	=	Serie(s)
sog.	=	sogenannt(e,-er,-es)
StIG	=	Ständiger Internationaler Gerichtshof
u. a.	=	unter anderem
RTDE	=	Revue trimestrielle de droit européen
UN	=	United Nations
UNRIAA	=	United Nations Reports on International Arbitral Awards
US	=	United States
u. s. w.	=	und so weiter
u. U.	=	unter Umständen
VBR	=	Völkerbundrat
Verf.	=	Verfasser
vgl.	=	vergleiche
VK	=	Vereinigtes Königreich
VSt	=	Vereinigte Staaten

VVdDStRL	=	Veröffentlichungen der Vereinigung der Deutschen Staatsrechtslehrer
WV	=	Wörterbuch des Völkerrechts
WVK	=	Wiener Vertragsrechtskonvention
YBILC	=	Yearbook of the International Law Commission
ZaöRV	=	Zeitschrift für ausländisches öffentliches Recht und Völkerrecht
z. B.	=	zum Beispiel
Zif.	=	Ziffer
zit.	=	zitiert

Erster Teil

Die Auslegung völkerrechtlicher Verträge in Praxis und Lehre vor der Wiener Vertragsrechtskonvention 1969

Die Auslegung völkerrechtlicher Verträge — das tägliche Brot der zur Anwendung Berufenen (grundsätzlich die Außenämter[1] der Vertragsstaaten[2], daneben vor allem internationale Gerichte und Schiedsgerichte[3]) — macht in der Praxis oft große Schwierigkeiten und gibt

---

[1] Vgl. dazu den Kommentar zu den Artikeln 27 und 28 des Entwurfs der *International Law Commission (ILC-Draft)*, UN-Doc. A/6309/Rev. 1, YBILC 1966 II, 218. Vgl. auch die Stellungnahme des bulgarischen Delegierten *Strezov* im 32. Meeting des *Committee of the Whole (CWh)* der Wiener Vertragsrechtskonferenz der Vereinten Nationen 1968/69, UN Doc. A/CONF. 39/ C. 1/SR. 32, nach welchem „[i]n a convention on the law of treaties, the practice of Ministries of Foreign Affairs was more important than the views of the various schools of thought".

[2] Wir sprechen hier lediglich von Vertrags*staaten* und folgen damit terminologisch der Beschränkung des persönlichen Geltungsbereichs der in der Folge immer wieder angezogenen Wiener Vertragsrechtskonvention 1969 (WVK), die sich gem. Art. 1 ebenfalls nur auf Verträge zwischen Staaten bezieht. Selbstverständlich schließen aber auch andere Völkerrechtssubjekte Verträge ab. Für den Bereich der internationalen Organisationen hat dies *Zemanek* in seinem Werk Das Vertragsrecht der internationalen Organisationen (1957) grundlegend untersucht. Vgl. dazu auch *Neuhold*, „Organs Competent to Conclude Treaties for International Organizations...", ÖZöR, Suppl. I (1971), 195 ff. Es ist daher stets im Auge zu behalten, daß auch die mit der Führung der auswärtigen Beziehungen betrauten Organe anderer Völkerrechtssubjekte — etwa das Staatssekretariat des Hl. Stuhls — laufend mit der Auslegung von Verträgen (im genannten Fall vorwiegend, aber nicht ausschließlich, von Konkordaten) befaßt sind. Vgl. zur Tätigkeit des päpstlichen Staatssekretariats *Köck*, Die völkerrechtliche Stellung des Hl. Stuhls (1975), 166 ff., und die dort angegebene Literatur. Für den Malteserorden vgl. *Prantner*, Malteserorden und Völkergemeinschaft (1974), *passim*. — Was im übrigen die Staatenpraxis im allgemeinen anlangt, so wies der (vierte) *Special Rapporteur* der *ILC* für das Vertragsrecht, *Sir Humphrey Waldock*, aus Anlaß der Präsentation seines Entwurfes mehrerer Interpretationsartikel im 765. Meeting der *ILC*, YBILC 1964, I, 275, darauf hin, daß „[h]e had tried to take into account State practice, though evidence of it was difficult to obtain as not much was to be found in publications of State practice which for the most part were content to reproduce the decisions of international tribunals and were not concerned with the interpretation of treaties by States themselves".

[3] Der Internationale Gerichtshof (IG) hat in seinem Gutachten zur Frage der *Aufnahme in die Vereinten Nationen*, ICJ-Reports 1948, 61, die Auslegung völkerrechtlicher Verträge jedenfalls insoweit als rechtliche Aufgabe bezeichnet, als sie internationalen (Schieds-)Gerichten in besonderer Weise zukommt. Diese Begründung erscheint kurzschlüssig, wenngleich dem Er-

auch der Lehre eine bisher noch immer (wie es scheint) nicht völlig bewältigte Problematik auf[4]. Für die noch ganz traditioneller Methodologie verhaftete Lehre[5] gilt das von *Lord McNair* Geschriebene:

"There is no part of the law of treaties which the textwriter approaches with more trepidation than the question of interpretation[6]."

Ungeachtet des Umstandes, daß die Auffassungen in Lehre und Judikatur weit auseinandergehen, erheben Schulmeinungen Ausschließlichkeitsanspruch[7], Entscheidungen Anspruch auf Allgemeinverbindlichkeit[8].

---

gebnis, für das sie herangezogen wurde, zuzustimmen ist. Vgl. dazu allgemein: *Gross,* „Treaty Interpretation: The Proper Role of an International Tribunal", PASIL (1969), 108 ff. — Sowohl die Rechtsprechung des Weltgerichtshofs als auch von internationalen Schiedsinstanzen hat zu wissenschaftlicher Behandlung mehrfach Anlaß gegeben. Vgl. insbes. *Wilson,* „Interpretation of Treaties. Contributions of the Permanent Court of International Justice to the Development of International Law", PASIL (1930), 39 ff.; *Wright* „The International Court of Justice and the Interpretation of Multilateral Treaties", 41 AJIL (1947), 44 ff.; *Hambro,* The Case Law of the International Court (1952), 27 ff.; und *Liacouras,* „The International Court of Justice and Development of Useful ‚Rules of Interpretation' in the Process of Treaty Interpretation", PASIL (1965), 161 ff.; sowie *Blühdorn,* „Le fonctionnement et la jurisprudence des tribunaux arbitraux mixtes", 41 RdC (1932), 141 ff. Für den spezifischen Fall des Gerichtshofs der Europäischen Gemeinschaften vgl. u. a. *Degan,* „Procédés d'interprétation tirés de la jurisprudence de la Cour de justice des Communautés européennes", RTDE (1966), 189 ff. Eine dem IG entsprechende Auffassung vertrat auch der Europäische Gerichtshof für Menschenrechte im *Case Relating To Certain Aspects of the Laws on the Use of Languages in Education in Belgium,* 10 Yearbook of the European Convention Human Rights (1967), 596 ff., auf 620: „... it follows from the very terms of Article 45 that the basis of the jurisdiction ratione *materiae* of the Court is established once the case raises a question of the interpretation or application of the Convention ..." — Was die Auslegung völkerrechtlicher Verträge im innerstaatlichen Bereich und seine Durchführung im Zusammenhalt mit Gesetzen und Verordnungen anlangt, so verlangt das *Völkerrecht* von den innerstaatlichen Instanzen zweifellos eine *völkerrechtsfreundliche,* vom innerstaatlichen Recht insgesamt aber die Ermöglichung *völkerrechtskonformer* Auslegung. Das ergibt sich klar aus Art. 27 WVK. Für den österreichischen Bereich hat *Öhlinger* den „in der österreichischen Judikatur ausdrücklich anerkannten Grundsatz der völkerrechtskonformen Auslegung" festgestellt, „demzufolge Gesetze soweit als möglich im Lichte des Völkerrechts ausgelegt werden müssen". Der völkerrechtliche Vertrag im staatlichen Recht (1973), 139.

[4] Vgl. dazu unten in *diesem* Teil in Zusammenhalt mit dem Zweiten Teil.

[5] Vgl. dazu aus jüngster Zeit *Lang,* „Les règles d'interprétation codifiées par la Convention de Vienne...", 24 (NF) ÖZöR (1973), 113 ff.; eine sehr gründliche Arbeit. Originell auch *Hummer,* „‚Ordinary' versus ‚special' meaning", 26 (NF) ÖZöR (1975), 87 ff.; die dort behandelte Problematik ist jedoch allzu künstlich, als daß von daher eine sinnvolle Befruchtung der Interpretationsdiskussion erwartet werden könnte.

[6] The Law of Treaties (1961), 364.

[7] Vgl. dazu statt vieler die übersichtliche Darstellung bei *Bernhardt,* Auslegung (1963), 5 ff. Vgl. auch die treffende Auseinandersetzung *Lauterpachts* mit der einschlägigen Literatur, vor allem in seinem Beitrag „Restrictive Interpretation and the Principle of Effectiveness in the Interpretation of

Unter diesen Umständen könnte man versucht sein, von einer weiteren Erörterung dieses Themas ganz Abstand zu nehmen, um nicht durch seinen Diskussionsbeitrag das Heer der Meinungen noch um eine zu vermehren[9]. Ist doch die Wertlosigkeit der bisher erarbeiteten Interpretationsregeln selbst in der völkerrechtlichen Literatur nicht unbemerkt geblieben:

> "We are among those", schrieb Lord McNair 1961, "who are sceptical as to the value of these so-called rules and are sympathetic to the process of their gradual devaluation, of which indications exist[10]."

Andererseits liegt nunmehr aus jüngster Zeit zu diesem Thema eine positiv-rechtliche Aussage vor, und zwar in den Artikeln 31 und 32 WVK[11]. Diese an den Ergebnissen der bisherigen völkerrechtlichen Interpretationsdiskussion und jüngster methodologischer Erkenntnisse, verglichen mit bezüglichen traditionellen Angeboten, zu prüfen, erscheint daher zumindest nicht völlig nutzlos. Damit ist es aber notwendig, zuerst einen Überblick über die genannte Diskussion und dann einen Abriß der methodologischen Aussagen zum Interpretationsproblem zu geben. Dieser Teil ist der ersteren Aufgabe gewidmet.

Treaties", 26 BYIL (1949), 48 ff. An früheren Arbeiten zur Auslegungsfrage seien genannt: *Hyde*, „Concerning the Interpretation of Treaties", 3 AJIL (1909), 46 ff.; *ders.*, „The Interpretation of Treaties by the Permanent Court of International Justice", 24 AJIL (1929), 745 ff.; *Yü*, The Interpretation of Treaties (1927); *Fachiri*, „Interpretation of Treaties", 23 AJIL (1929), 745 ff.; *Brown*, „The Interpretation of Treaties", 23 AJIL (1929), 819 ff. Aus der Zeit nach dem zweiten Weltkrieg seien erwähnt: *Souberyol*, „L'interprétation internationale des traités et la considération de l'intention des parties", 85 JDI (1958), 686 ff.; *Neri*, Sull'interpretazione dei trattati nel diritto internazionale (1958); *Fitzmaurice*, „De l'interprétation des traités", 46 Annuaire de l'Institut de droit international (1956), 317 ff.; schließlich *Berlia*, „Contribution à l'interprétation des traités", 114 RdC (1965), 283 ff.; aus jüngster Zeit die in Anm. 5 genannten Arbeiten.

[8] So, wenn sich der IG, wie im *Aufnahme-Fall*, ausdrücklich auf die „consistent practice of the Permanent Court of International Justice" beruft; ICJ-Reports 1948, 63. Diesbezüglich sagt auch der Kommentar zum *ILC-Draft*, loc. cit., 220, daß eine bestimmte Auslegungsregel gemäß der Rechtsprechung des Weltgerichtshofs als „established law" angesehen wird.

[9] "In fact, statements can be found in the decisions of international tribunals to support the use of almost every principle or maxim of which use is made in national systems of law in the interpretation of statutes or contracts." *Ibid.*, 218.

[10] The Law of Treaties (1961), 366. Vgl. auch *Brownlie*, Principles of Public International Law (1966), 502: "Jurists are in general cautious about formulating a code of 'rules of interpretation', since the 'rules' may become unwieldy instruments instead of the flexible aids which are required." Mit Verweisung auf die gegenteilige Auffassung bei *Beckett*, Comments zum Bericht *Lauterpachts*, „De l'interprétation des traités", 43 Annuaire de l'Institut de Droit international (1950 I), 366 ff., auf 435 ff.

[11] Art. 33 (*Interpretation of treaties in two or more languages*) behandelt ein Sonderproblem, weil es sich hier mehr um Konkordanz- denn um Auslegungsfragen handelt. Von einer Erörterung des Art. 33 wird daher in dieser Untersuchung abgesehen.

I. Gebotenheit und Erlaubtheit von Interpretation

Die Geschichte jenes Kapitels des Völkerrechts, und insbesondere des völkerrechtlichen Vertragsrechts, das mit „Vertragsauslegung" überschrieben ist, ist im eigentlichen Sinn des Wortes zweideutig. Das gilt schon für die grundsätzliche Frage nach der Gebotenheit bzw. Erlaubtheit von Auslegung.

Am Anfang der wissenschaftlichen Befassung mit der Frage der Interpretation völkerrechtlicher Verträge steht ein klassisch gewordenes Wort von *Vattel*[12]:

„La première Maxime générale sur l'Interprétation est, qu'*il n'est pas permis d'interpréter ce qui n'a pas besoin d'interprétation*[13]."

Zieht man in Betracht, welcher Kritik dieser Satz heute weithin begegnet, so muß es überraschen, daß er bis in die Zwischenkriegszeit hinein mehr oder weniger unbesehen übernommen wurde — offenbar als eine Regel des gesunden Menschenverstandes —, und zwar sowohl von der Lehre[14] als auch von der Praxis[15].

---

[12] Le droit des gens II, Chap. XVII, § 263.

[13] Zitiert nach der Ausgabe von 1758, im Nachdruck hrsg. von *Scott* (Classics of International Law; 1916). — Frühere Völkerrechtswerke, wie etwa jenes von *Moser*, Versuch des neuesten Europäischen Völker-Rechts in Friedens- und Kriegszeiten VIII (1779), der *ibid.* 323 ff. von „der Tractaten und Bündnisse Erklär- und Erläuterungen" handelt, kennen diesen Satz nicht. Vgl. auch *Grotius*, De iure belli ac pacis libri tres, II, Cap. XVI; *Bynkershoek*, Questionum juris publici libri duo, II, Cap. X.

[14] Die bei *Whiteman*, Digest of International Law XIV (1970), 353, gegebene Aufzählung nennt folgende bedeutende Werke in diesem Zusammenhang: *Phillimore*, Commentaries Upon International Law II (3. Aufl. 1879), 99 - 100; *Hall*, A Treatise on International Law (7. Aufl. 1917), 334; *Fiore*, International Law Codified (übersetzt von *Borchard*, 1918); in der französischen, von *Antoine* veranstalteten Übersetzung aus 1911, Le droit international codifié, die dem Verfasser vorliegt, heißt es auf 402 unter § 794: „On ne doit pas interpréter ce qui n'a pas besoin d'interprétation." Die vom *Vattel*schen Wortlaut abweichende Fassung ist offenbar auf die zweimalige Übersetzung (zuerst ins Italienische, dann zurück ins Französische) verursacht. *Crandall*, Treaties: Their Making and Enforcement (2. Aufl. 1916), 396 - 397. — Ihnen fügen wir noch hinzu: *Accioly*, Tratado de dereito internacional publico II (1934), 458, der die Interpretation nur dann zulassen will, wenn die Bestimmungen dunkel oder widersprüchlich bleiben. *Anzilotti*, Lehrbuch des Völkerrechts I (1929), 82, zitiert den in Rede stehenden Satz nicht, spricht aber in Zusammenhang mit der Auslegung von einer „wissenschaftlichen Tradition", die „einen besonders entscheidenden und klaren Ausdruck bei *Vattel* findet". *Fauchille*, Traité de droit international public I/3 (8. Aufl. 1926), zitiert 376 den *Vattel*schen Satz zwar lediglich referierend, bejaht ihn aber in der Sache, wenn er 373 Interpretation nur dann einsetzen läßt, wenn der Text dunkel oder widersprüchlich ist.

[15] Indem wir hier in erster Linie auf internationale Entscheidungen zurückgreifen, bleiben wir uns des Umstands bewußt, daß es sich bei der Judikatur nur um eine solche Quelle des Völkerrechts handelt, die bloß „als Hilfsmittel zur Feststellung der Rechtsnormen" dient und für sich allein nicht geeignet ist, Völkerrecht zu schaffen. Dazu vgl. *Verdross*, Die

I. Gebotenheit und Erlaubtheit von Interpretation

Gerade letztere war es, die — wie es sich in Entscheidungen internationaler Gerichte häufiger findet, weil sie der Kritik der Wissenschaft zwar nicht entzogen, von ihr aber auch nicht abhängig sind — dem *Vattel*schen Satz den Charakter einer „fundamental maxim"[16] „universally recognized as law"[17] zusprach.

In der Lehre ist dagegen die Auffassung über die Richtigkeit oder doch wenigstens den faktischen Wert dieser Maxime heute geteilt. Die Kritiker insistieren, es handle sich dabei um eine *petitio principii;* die Feststellung, ein Text (bzw. ein Teil desselben) sei klar, könne nur das Ergebnis vorhergegangener Auslegung sein[18]. Eine solche sei daher immer nötig[19]. Andere wollen den *Vattel*schen Satz im Prinzip festhalten[20], sehen mit ihm aber auch gewisse Gefahren verbunden[21], vor allem, weil er sich zu mißbräuchlichem Gebrauch eigne[22].

Quellen des universalen Völkerrechts. Eine Einführung (1973), 135 f. Daß der Judikatur in der Praxis allerdings ein höherer Wert zukommt, als ihr theoretisch zusteht, ist schon bei *Jaenicke*, „Völkerrechtsquellen", WV III (2. Aufl. 1962), 766 ff., auf 772, ausgesprochen. — Das Zitat aus Art. 38 Zif. 1 lit. d. IG-Statut nach *Verosta*, Die Satzung der Vereinten Nationen und das Statut des Internationalen Gerichtshofs (1947), 60.

[16] Decisions. Mixed Claims Commission. US — Germany, Opinion in the *Lusitania Case*, 7 UNRIAA (1956), 32 ff., auf 43: "The Treaty is our charter. We cannot look beyond its express provisions or its clear implications ... clear and unambiguous language ... Hence the fundamental maxim 'It is not allowable to interpret that which has no need of interpretation' applies." Mit Berufung auf die *Opinion* im *Arao Mines (Limited) Case*, British-Venezuelan Mixed Claims Commission, 344, 386 - 387 (Venezuelan Arbitration 1903); die *Opinion* im *Sambiaggio Case*, Italian-Venezuelan Mixed Claims Commission, 666, 688 - 689 *(ibid.);* schließlich *Vilas v. Manila*, 220 US 345 (1911), 358 - 359. — Noch deutlicher kommt diese Auffassung in Entscheidungen französischer Gerichte zum Ausdruck, wie die Zusammenstellung bei *Kiss*, Répertoire de la pratique française en matière de droit international public I (1962), 401, beweist. Vgl. auch *ibid.*, 402, den Hinweis auf die Ausführungen des französischen Vertreters *Basdevant* vor dem StIG in öffentlicher Sitzung am 5. Juli 1923 *(Wimbledon-Fall)*, PCIJ-Publications, Ser. C, No. 3, Vol. I, 148: „La première maxime général sur l'interprétation est qu'il n'est pas permis d'interpréter ce qui n'a pas besoin d'interprétation."

[17] *Opinion* of Mr. *Little* im *Venezuelan Bond Case, Moore*, History and Digest of International Arbitrations to which the United States has been a Party IV (1898), 3616, auf 3621.

[18] So insbesondere *Fitzmaurice*, „The Law and Procedures of the International Court of Justice", 28 BYIL (1951), 1 ff., auf 5: "The conclusion that the meaning of a text is clear ... involves itself a process of interpretation ..."

[19] Vgl. *Wigmore*, A Treatise on the Anglo-American System of Evidence in Trials at Common Law (3. Aufl. 1940), 227: "[T]he fact is that there must always be interpretation."

[20] Die Maxime wird damit zwar zu einer „preeminently reasonable" (*Lauterpacht*, The Development of International Law by the International Court [1958], 52), aber doch nur „preliminary rule" (*ders.* in der 8. Aufl. von *Oppenheims* International Law I [1957], 952, Anm. 1).

[21] "Its only — but, upon analysis, decisive — drawback is that it often assumes as a fact what has still to be proven and that it proceeds not from

Dem Streit um die Richtigkeit des *Vattel*schen Satzes liegt aber offenbar ein Mißverständnis zugrunde, das auf Definitionsunterschieden beruht. Deutlich kommt dies bei einem dem *Vattel*schen Satz besonders ablehnend gegenüberstehenden Werk jüngeren Datums zum Ausdruck[23]:

> "[The] reservations, expressed by most observers in recent years, stem from recognition that there are fatal flaws Vattel's first principle. One obvious defect is that in the broadest sense it is a tautology, since the determination of what does or does not need interpretation would commonly be regarded as an *example* of interpretation. Thus to say that one should interpret only when necessary either violates the rule (discovering the absence of a need for interpretation by interpreting) *or invites a redefinition of 'interpretation'* (e. g., in terms of the resolution of what is not 'clear and precise')[24]."

Es liegt also letztlich ein Streit um Worte vor[25].

II. Die Funktion der Vertragsauslegung

Weitgehende Übereinstimmung herrscht im internationalen Bereich über die Funktion der Auslegung, solange dieselbe rein formal als der Schlüssel zum richtigen Verständnis des Vertrags verstanden wird. So formal findet sich der Begriff der Auslegung aber kaum jemals gefaßt[26]; in seiner näheren Bestimmung unterscheiden sich die verschiedenen

---

the starting point of the inquiry but from what is normally the result of it." *Lauterpacht*, The Development of International Law by the International Court (1958), 52.

[22] "As in the course of argument generally, the disputants frequently attempt to obtain a tactical advantage over their opponents by describing themselves — or their contentions — as sound and realistic while labelling their adversaries as utopian, so in the matter of interpretation parties incline to characterise the construction which they favour as following from the ordinary or natural meaning of terms of the treaty and, accordingly, as self-evident and in no need of corroboration from external sources." *Ibid.*, 52 - 53. — Es muß jedoch demgegenüber darauf hingewiesen werden, daß die Möglichkeit eines Mißbrauchs als solche noch kein zwingendes Argument gegen die Fundiertheit einer bestimmten Maxime ist. Vielmehr wird die Diskussion dadurch von der Frage nach der Richtigkeit derselben auf die Frage nach der Praktikabilität verlagert, also auf eine Ebene, auf der für Probleme, die auf einer anderen liegen, nichts gewonnen werden kann.

[23] *McDougal / Lasswell / Miller*, The Interpretation of Agreements and World Public Order (1967), 81.

[24] Erste Hvhbg. im Orig., die zweite vom Verf.

[25] Völlig unverständlich bleibt dagegen, warum *McDougal et al.* meinen, „[e]ither alternative renders Vattel's principle useless as a guide to common expectation". Jedenfalls für die zweite von ihnen angenommene Bedeutungsvariante trifft diese Aussage nicht zu.

[26] Nahe kommt ihr immerhin *Rousseau*, Droit international public I (1970), 241: „L'interprétation est l'opération intellectuelle qui consiste à determiner le sens d'un acte juridique, à en préciser la portée et à en éclairer les points obscurs ou ambigus."

Definitionen aber bereits zum Teil nicht unwesentlich, wie unten, IV, in Zusammenhang mit der Frage nach dem Ziel der Auslegung gezeigt werden wird. Nicht von ungefähr verzichtet daher eine Reihe von Werken überhaupt auf eine Definition[27], wohl in der Erkenntnis, daß eine solche den Vorwegbezug einer Position in sich schließt, was die unparteiische Darstellung der verschiedenen diesbezüglichen in der Völkerrechtswissenschaft bestehenden Strömungen nur erschweren müßte.

III. Die Qualifizierung des Interpretationsvorgangs

Auch die Aussagen zur Frage, welcher Art der Interpretationsvorgang sei, variieren, offenbar je nach dem, unter welchem Aspekt dieser Vorgang betrachtet wird.

Die Einsicht, daß das Auslegungsphänomen sich nicht ohne weiteres normieren, in starre Regeln einfangen läßt, führt zur Betonung, daß *Auslegung kein bloß mechanischer Prozeß sei*[28]. Auslegung sei vielmehr

„obviously a task which calls for investigation, weighing of evidence, judgment, foresight, and a nice appreciation of a number of factors varying from case to case"[29].

Diese Einsicht hat aber nicht verhindert, die Auslegung gleichzeitig auch als einen *Rechtsvorgang* zu qualifizieren[30] und sie damit den

---

[27] Vgl. u. a. *Dahm*, Völkerrecht III (1961), 42 ff.; *Oppenheim / Lauterpacht*, International Law I (8. Aufl. 1957), 950 ff.; *Verdross*, Völkerrecht (5. Aufl. 1964), 172 ff. Andere geben eine solche Definition, die ihren Namen gar nicht mehr verdient, weil sie wegen ihrer Weitschweifigkeit eher als Beschreibung angesehen werden muß. Vgl. hier etwa *Berber*, Lehrbuch des Völkerrechts I (2. Aufl. 1975), 476: „Die Auslegung eines völkerrechtlichen Rechtsgeschäfts und insbesondere eines Vertrags ist die Deutung, Erklärung, Aufhellung des wahren Sinnes, des Inhalts, des Umfangs, der Bedeutung eines Vertrags, angefangen von der Deutung des Sinnes einzelner Worte, ja Interpunktionen, der Stellung einzelner Worte, über die Deutung einzelner Sätze und Paragraphen bis hin zur Deutung des Sinnzusammenhangs des ganzen Vertrags und der über den Vertrag hinausreichenden, aber aus ihm sich ergebenden Zusammenhänge."

[28] "The process of interpretation, rightly conceived, cannot be regarded as a mere mechanical one of drawing inevitable meanings from the words in a text, or of searching for and discovering some pre-existing specific intention of the parties with respect to every situation arising under a treaty." *Harvard-Draft*, Law of Treaties, 29 AJIL (1935 Suppl.), 946.

[29] *Ibid.* — Offen bleibt hier, ob schon die vier erstgenannten Tätigkeiten dem Interpretationsprozeß den „mechanischen" Charakter nehmen, oder ob dieser die Qualifikation als „mechanisch" erst durch die von Fall zu Fall wechselnden Faktoren verliert, wobei allerdings offengelassen ist, um welche Faktoren es sich hierbei handelt: um formelle der Auslegung (wie man vom Zusammenhang her wohl annehmen sollte) oder um materielle des Auslegungsobjekts (worauf der zitierte Text vielleicht hinauswill).

[30] "Construction of treaties is a matter of law, to be governed by the same rules *mutatis mutandis,* as prevail in the construction of contracts and

24 1. Teil: Praxis und Lehre vor der WVK 1969

internationalen Gerichten und Schiedsgerichten — zwar nicht *vorzubehalten*, aber doch — als auch in die ihnen eigentümliche Kompetenz fallend *zuzuweisen*. Dies ergibt sich schon aus dem Statut des (früher: Ständigen, jetzt:) Internationalen Gerichtshofs[31], wurde in der Zwischenkriegszeit von der Lehre auf der Grundlage der Praxis so ausgesprochen[32] und nach dem zweiten Weltkrieg vom IG ausdrücklich bestätigt:

> "[T]he question ... is and can only be a purely legal one. To determine the meaning of a treaty provision ... is a problem of interpretation and consequently a legal question[33]."

Besonderes Gewicht haben Lehre und Rechtsprechung nach dem zweiten Weltkrieg darauf gelegt, daß Auslegung nicht zu einer Revision des Vertrages ausarten dürfe[34]. Der IG hat den klassischen Satz geprägt:

> "It is the duty of the Court to interpret the Treaties, not to revise them"[35],

und ist auf diesen später wiederum zurückgekommen[36]; dabei ist das Streben des Gerichtshofs deutlich, die Verantwortung für einen etwaig als unbefriedigend empfundenen Ausgang des jeweiligen Falls deutlich von sich zu weisen und den Vertragsparteien selbst anzulasten[37]. Mag

---

statutes." *Wharton*, International Law Digest, § 133, II, 36, mit den dort angegebenen Referenzen. (Bei *Moore*, A Digest of International Law V [1906], 252.)

[31] Die Fakultativklausel des Art. 36 Zif. 2 IG-Statut nennt unter den Gegenständen von Rechtsstreitigkeiten, für die die Gerichtsbarkeit durch Unterwerfungserklärung als obligatorisch anerkannt werden kann, an erster Stelle „die Auslegung eines Vertrags" (lit. a).

[32] "The interpretation of treaties is essentially a judicial process, and, in any case, the neutral and presumably unprejudiced judge or arbitrator, more than any organ or agency of the interested parties, is likely to arrive at a fair and unbiased interpretation." *Harvard-Draft*, Law of Treaties, 29 AJIL (1935 Suppl.), 973.

[33] Rechtsgutachten des IG im ersten Aufnahmefall (*Conditions of Admission of a State to Membership in the United Nations [Article 4 of the Charter]* aus 1948), ICJ-Reports 1947/48, 61.

[34] "While the revision of a treaty has as its object the change, for the future, of a text that may be perfectly clear, treaty interpretation aims at the establishment of the true meaning of a treaty ..." *Schwarzenberger*, A Manual of Internationale Law (5. Aufl. 1967), 164.

[35] Rechtsgutachten über *Interpretation of Peace Treaties with Bulgaria, Hungary and Romania* (2. Phase), ICJ-Reports 1950, 229.

[36] Ausdrücklich zitiert in *Case Concerning Rights of Nationals of the United States of America in Morocco*, ICJ-Reports 1952, auf 196.

[37] Vgl. *ibid.*, 199: "[The Court's] interpretation ... leads to results which may not appear to be entirely satisfactory. But that is an unavoidable consequence of the manner in which the Conference [which drew up the treaty in question] dealt with the question [in dispute]. The Court can not, by way of interpretation, derive from the [Treaty] a general rule ... which it does not contain ..."

III. Die Qualifizierung des Interpretationsvorgangs

der Widerspruch zwischen der Aussage, Interpretation sei kein mechanischer Prozeß, und der Aussage, sie sei ein Rechtsvorgang, dadurch aufgelöst werden, daß man in letzterem ein schöpferisches Element der Auslegung eingeschlossen sieht[38], das ihn über jeden rein mechanischen Ablauf weit hinaushebt, so finden sich jedenfalls in der Literatur Aussagen, die eine Abgrenzung zwischen Auslegung und Revision eines Vertrages nur mehr subjektiv, nicht aber objektiv unterscheidbar machen. Vergleichen wir nämlich die Aussage *Hydes*,

„... it is not the function of the interpreter to revise a treaty, as by putting himself in the place of the parties in order to produce a fresh accord ..."[39],

mit jener im Kommentar zum *Harvard-Draft* von 1935, daß

„[i]n most instances, therefore, interpretation involves *giving* a meaning to the text"[40],

so mag die letztere Tätigkeit *de facto* ohne weiteres zu einem Ergebnis führen, das dem ursprünglichen Sinn des Vertrags, wie er von den Parteien konzipiert worden ist, nicht entspricht, wenngleich ein solches Ergebnis nicht angestrebt werden darf[41].

---

[38] Auf das schöpferische Moment der Auslegung weist *Larenz*, Methodenlehre (3. Aufl. 1975), 391 und *passim*, insgesamt an neun verschiedenen Stellen, hin.

[39] International Law Chiefly as Interpreted and Applied by the United States (2. Aufl. 1947), 1472.

[40] Law of Treaties, 29 AJIL (1935 Suppl.), 946. Vgl. auch *Hudson*, The Permanent Court of International Justice (1943), 641: "The process of interpreting the text of an international instrument is not to be viewed as a search for some pre-existing meaning ... Interpretation involves *giving* a meaning to the text ... [A]s the terms employed in international instruments seldom have an exact meaning, they can be interpreted only by giving content to them."

[41] Dies wird im Kommentar zum *Harvard-Draft* von 1935 ausdrücklich, und zwar folgendermaßen formuliert: "... *giving* a meaning to a text — not just any meaning which appeals to the interpreter, to be sure, but a meaning which, in the light of the text under consideration and of all the concomitant circumstances of the particular case at hand, appears in his considered judgment to be one which is logical, reasonable, and *most likely to accord with* and to effectuate the larger general purpose *which the parties desired the treaty to serve*." Ibid. (Erste Hvhbg. im Orig., die zweite vom Verf.) Nach der im Kommentar zum *Harvard-Draft* vertretenen Auffassung ist es also letztlich Glückssache, ob der Auslegende das entschleiert, was die Parteien in den Text des Vertrags gekleidet haben. Was von seiner Seite anzustreben ist, ist bloß Rationalität des Ergebnisses. Dazu vgl. unten, Zweiter Teil.

IV. Das Ziel der Auslegung

Oben[42] haben wir bereits darauf hingewiesen, daß über das Ziel der Vertragsauslegung Übereinstimmung nur dann herrscht, wenn allgemeinste Formeln verwendet werden, die die Bedeutung des Begriffes vage lassen. Untersucht man dagegen die Aussagen internationaler Rechtsprechungsinstanzen, von Staatenkonferenzen und der Doktrin, so zeigt sich, daß auch im Völkerrecht ein Streit darüber besteht, ob der (bloße) objektive Textsinn des Vertrags[43] erschlossen oder ob der „wahre" Wille der Parteien im Rahmen des Auslegungsverfahrens erforscht werden müsse[44].

Allerdings tritt diese Alternative nirgends klar und mit Schärfe hervor; sie kann vielmehr lediglich aus den differenzierten Aussagen, wie sie zum Ziel der Auslegung vorliegen, erschlossen werden. Diese bekennen sich nämlich scheinbar alle mehr oder weniger zum Grundsatz, daß der „wahre" Wille der Parteien das eigentliche Auslegungsziel sei[45]. Am klarsten kommt dieser Grundsatz in der Formulierung des *American Law Institutes* zum Ausdruck:

"The primary object of interpretation is to ascertain the meaning intended by the parties for the terms in which the agreement is expressed ...[46]."

---

[42] Zu Eingang von III.

[43] „A treaty once adopted runs by itself", wie es ein Delegierter auf der Wiener Vertragsrechtskonferenz 1968/69, wo diese Frage ebenfalls heftig umstritten war, einmal gegenüber dem Verfasser zur Illustration des einem Vertrag nach seinem Abschluß vom Willen der Parteien unabhängigen Eigenlebens zum Ausdruck brachte. Vgl. dazu auch *Beckett*, „Comments", 43 Annuaire de l'Institut de droit international (1950 I), 444.

[44] „Les positivistes considèrent l'interprétation comme une tâche essentiellement subjective et historique, dont le but est seulment de mettre au jour les intentions réelles des consignataires. À l'inverse, les auteurs qui se réclament de l'objectivisme juridique assignent à l'interprète le soin de découvrir, par delà la volonté des contractants, le but objectif du traité et de s'en inspirer." *Delbez*, Les principes généraux du droit international public (3. Aufl. 1964), 349.

[45] Vgl. auch den *Naomi-Russel-Fall* (1923): "It is of course unnecessary to observe that the ascertainment of the intent of the parties to a treaty is the object of interpretation." Mit Berufung auf *Pradier-Fodéré*, Traité de droit international public II, auf 883 und 887, sowie *Vattel*, Droit des gens II, Cap. XVII, sec. 287. (Bei *Hackworth*, Digest of International Law V [1943], 231.)

[46] Restatement of the Law, Second, Foreign Relations Law of the United States (1965), 449. — Entsprechend sagt auch *O'Connel*, International Law I (1965), 271: "The primary end of treaty interpretation is to give effect to the intentions of the parties, and not to frustrate them." Dafür gibt *Schwarzenberger*, International Law I (3. Aufl. 1957), 491, auch einen Grund an: "Every valid treaty, which has come into existence in accordance with the rules underlying the principle of consent, constitutes a meeting of wills. In each case, the purpose of judicial treaty interpretation is to establish *ex tunc* the legal effects of such consensus."

IV. Das Ziel der Auslegung

Auch in der sowjetischen Völkerrechtslehre wird der Erforschung des wahren Willens der Parteien der Vorrang vor der Feststellung seiner objektiven Funktion im Gefüge des Völkerrechts eingeräumt[47].

Es kommt jedoch darauf an, daß eine zuvor programmatisch geäußerte Absicht auch tatsächlich im Vertrag ihren Niederschlag gefunden hat:

"The [Permanent] Court [of International Justice] is not prepared to adopt the view that the text of the Treaty of Versailles can be enlarged by reading into it stipulations which are said to result from the proclaimed intentions of the authors of the Treaty, but for which no provision is made in the text itself[48]."

Eine Abschwächung erfährt diese Position bereits bei *Lord McNair*, der zwar auch auf die „expressed intention of the parties" abstellt, aber mit der Einschränkung:

"their intention *as expressed in the words used by them in the light of the surrounding circumstances*[49]."

Mit dieser Auffassung trifft sich, was der IG in seinem Rechtsgutachten im ersten *Aufnahmefall* 1948 gesagt hat:

"The text of [Article 4 Paragraph 1 of the United Nations Charter], by the enumeration which it contains and the choice of its terms, clearly demonstrates the intention of its authors to establish a legal rule ...[50]."

Der Wille der Parteien ist also hier nur noch deswegen von Bedeutung, weil er im Text zum Ausdruck kommt; seine Ermittlung unabhängig vom oder gar gegen den Text — wie sich dies in der älteren Rechtsprechung finden läßt[51] — kommt also nicht mehr in Frage[52]. Zur

---

[47] "To establish the true meaning of a treaty within 'the given, specific, concrete conditions of international relations' is important; 'to investigate the mutual will of the ... parties at the time of the conclusion of the treaty, however, is crucial'." *Triska / Slusser*, The Theory, Law, and Policy of Soviet Treaties (1962), 115. — Über die Auslegungsgrundsätze und Auslegungsregeln der sowjetischen Völkerrechtswissenschaft und -praxis vgl. ausführlich auch bei *Schweisfurth*, Der internationale Vertrag in der modernen sowjetischen Völkerrechtstheorie (1968), 262 ff. Vgl. schließlich auch *Bracht*, „Die Auslegung internationaler Verträge in der sowjetischen Völkerrechtslehre", 7 Osteuroparecht (1961), 66 ff.

[48] *Access to, or Anchorage in, the Port of Danzig, of Polish War Vessels*, PCIJ-Publications (1931), Ser. A/B, No. 43, 145.

[49] Law of Treaties (1961), 365. (Hvhbg. im Orig.)

[50] *Conditions of Admission of a State to Membership in the United Nations*, ICJ-Reports 1948, auf 62.

[51] Im *The Island of Timor Case* (1914) fand es der Schiedsrichter, der Schweizer *Lardy*, als mit jener Formulierung des *Compromissum*, die ihm auftrug, auf der Grundlage der von den Parteien früher abgeschlossenen Verträge zu entscheiden, durchaus vereinbar, seiner Entscheidung die wirkliche und gemeinsame Absicht der Parteien zugrundezulegen und ihr auch dort den Vorrang einzuräumen, wo sich der Wortlaut des Vertrages von ihr entfernte. Vgl. 9 AJIL (1915), 240 ff., bes. 250 ff.

Rechtfertigung dafür, soweit man eine solche überhaupt für notwendig erachtet hat[53], beruft man sich offenbar in erster Linie auf den Wert der Rechtssicherheit[54].

Am ehesten entspricht der Auffassung, daß die Auslegung den objektiven Textsinn zu ermitteln habe, das von *Schwarzenberger* zur Vertragsinterpretation Gesagte, wenngleich er es in relativistisch scheinende Formulierungen kleidet und mit einer einleitenden Verweisung auf

„the true meaning of a treaty at the time when it was concluded"[55]

eher verdunkelt. Er schreibt:

"... As most words have more than one meaning, it is well-nigh impossible to establish the 'objective' meaning of any treaty. The most that is feasibly is to find a pragmatically plausible interpretation which corresponds as closely as possible to the text of the treaty; the function it is meant to serve, and the actual intentions, if ascertainable, of the parties. As it is the duty of the parties to interpret and apply the treaty in good faith, any international organ to which they may decide to delegate this task ought not to attempt to do more. All it should attempt is to apply considerations of reasonableness and good faith or, in other words, the *jus aequum* rule. In each case, the result of interpretation is, therefore, necessarily the outcome of a balancing process between conflicting equities[56]."

Die Wendung:

„a pragmatically plausible interpretation which corresponds as closely as possible to the text of the treaty"

deutet darauf hin, daß es *Schwarzenberger* in Wahrheit auf eine Auslegung ankommt, die dem Vertragstext sowohl als der Anwendung des Vertrags entgegenkommt, was er — wie der Hinweis zeigt, der in den Worten „pragmatically possible" eingeschlossen ist — dadurch erreicht,

---

[52] Damit hängt auch der kontinuierliche Niedergang der Einschätzung der *travaux préparatoires* zusammen. Vgl. dazu unten, V, A, 1.

[53] "International courts and tribunals fight shy of laying bare the ... reasons on which, in fact, their interpretative work is based. They tend to express these considerations in semi-technical and quasi-logical terminologies of a tautological character." *Schwarzenberger*, A Manual of International Law (5. Aufl. 1967), 164.

[54] Ihr dient der Vertrauensgrundsatz, wie er von *Lord McNair* in diesem Zusammenhang angezogen wird: "In any definition or description of interpretation some reference to the words actually used is essential, because it can happen that a party sometimes has a mental reservation as to the meaning that it may hope to attribute to them in the future in the event of a dispute arising." Law of Treaties (1961), 365.

[55] A Manual of International Law (5. Aufl. 1967), 164.

[56] *Ibid.* — Es bleibt allerdings dunkel, was eine internationale Instanz überhaupt mehr tun könne, als den Vertrag *bona fide* zu interpretieren, und was daher der Hinweis, „[it] ought not to attempt to do more", gleichsam als wenn dies der Weg des geringsten noch zumutbaren Widerstands wäre, eigentlich soll.

daß er dem Vertragstext einen solchen Sinn beilegt, daß dieser sich harmonisch ins Sinngefüge der Materie, für die er bestimmt ist, einfügt, der Vertragssinn also als jener objektive Textsinn ermittelt wird, der den vorgegebenen Umständen am meisten adäquat ist. Offen bleibt allerdings, ob *Schwarzenberger* in diesem Zusammenhang nur an *eine* Auslegungsmöglichkeit denkt („which corresponds as closely as possible to the text of the treaty"), weil sich nämlich die anderen von diesem Text weiter entfernen, oder ob er mehrere im Prinzip gleichwertige Lösungen für möglich hält (*argumento „a pragmatically plausible interpretation"* statt „*the ... interpretation*"). Sicher ist jedenfalls, daß aus der Leugnung der Möglichkeit „to establish the ‚objective' meaning of a treaty" nichts gewonnen werden kann, weil „the ‚objective' meaning", von der *Schwarzenberger* spricht, nichts mit dem zu tun hat, was man gemeiniglich den objektiven Textsinn nennt[57]. Noch länger aber bei dieser Frage zu verweilen, hieße nur, der zitierten Stelle mehr Bedeutung beilegen, als ihr der Autor wohl selbst geben wollte. Sie mag jedoch als Beweis dafür gelten, daß — im Gegensatz zum äußeren Anschein — die Palette der Meinungen in diesem Punkt auch im Völkerrecht eine durchaus gemischte ist[58].

V. Auslegungsmittel

Der erste und unmittelbarste Gegenstand, der zur Auslegung herangezogen wird[59], ist selbstverständlich

A. Der Text des Vertrages

Allerdings ist auch hier noch weiter zu unterscheiden.

1. Der Vertrag als Ganzes

Unumstritten ist[60], daß es bei der Auslegung nicht bloß darauf ankommt, ein bestimmtes Wort allein oder im Wortgefüge des Satzes, in

---

[57] Vgl. dazu *Larenz*, Methodenlehre (3. Aufl. 1975), 302 ff., der sich auch ausführlich mit der Geschichte dieses Begriffs, der innerstaatlich auch als „normativer Gesetzessinn" im Gegensatz zum „Willen des Gesetzgebers" auftritt, auseinandersetzt und auf die dazu bedeutsame Literatur hinweist.

[58] Auch der Schiedsspruch im *Abu Dhabi Oil-Case* (ILR [1951], 144 ff.) legt den Schwerpunkt „auf de[n] durch den Vertragstext zum Ausdruck gebrachten objektivierten Willen der Vertragspartner". *Fischer*, Die internationale Konzession (1974), 385.

[59] Die Terminologie wird gerade in diesem Punkt sehr unbestimmt. Wird der Text des Vertrages selbst „ausgelegt", oder ist es der Sinn, der mit Hilfe des Textes „ausgelegt" wird? Oder ist auch der Sinn des Textes nur ein Mittel, um das (von einigen als solches angesehene) Endziel der Auslegung, nämlich den „wahren" Willen der Parteien, zu erreichen?

[60] Vgl. das Schreiben des US-Außenministers *Livingston* an den österreichischen Generalkonsul *Baron Lederer* vom 5. November 1832: "There

dem es steht (Zusammenhang im engeren Sinn[61]), auf seine Bedeutung zu befragen, sondern daß jedenfalls der Vertrag in allen seinen Teilen[62], einschließlich der Präambel[63] und allen Annexen, zur Auslegung heranzuziehen ist[64].

Wo aber der Text des Vertrags allein einen falschen Eindruck hervorzurufen geeignet ist oder zur Auslegung nicht hinreicht, greift man auf den

2. Zusammenhang

Hierbei handelt es sich jedoch — im Gegensatz zu dem oben genannten Zusammenhang i. e. S. — um den Zusammenhang im weiteren Sinn. Darunter wird allerdings Verschiedenes verstanden. Einmal kann damit alles bezeichnet werden, durch das die Parteien *ausdrücklich* oder *konkludent* ihren Willen in einer über den Vertragstext hinausgehenden Weise zum Ausdruck gebracht haben. Hierher gehören also auf den Vertrag bezügliche weitere Abmachungen[65], aber auch Erklärungen der Parteien bei der Unterzeichnung, beim Austausch oder bei der Hinterlegung der Ratifikationsurkunden, sowie beim Beitritt[66], soweit

---

is no rule of construction better settled either in relation to covenants between individuals or treaties between nations than that the whole instrument containing the stipulations is to be taken together, and that all articles *in pari materia* should be considered as part of the same stipulations." Bei *Moore*, A Digest of International Law V (1906), 249.

[61] Vgl. das Rechtsgutachten des StIG über *Competence of the International Labour Organization to Regulate Agricultural Labour*, PCIJ-Publications (1922), Ser. B, Nos. 2 and 3, auf 23: "[The meaning of a treaty] is not [to] be determined merely upon particular phrases which, if detached from the context, may be interpreted in more than one sense."

[62] "In considering the question before the Court upon the language of the treaty, it is obvious that the treaty must be read as a whole ..." *Ibid.*

[63] Vgl. das Urteil des IG in *Case Concerning Rights of Nationals of the United States of America in Morocco*, ICJ-Reports 1952, 183 und 197. Vgl. weiters *Todok et al. v. Union State Bank of Harvard, Nebraska*, 281 US 449 (1930), auf 451, wo sich Oberrichter *Hughes* bei der Auslegung auf die Präambel des Vertrags von 1783 zwischen den VSt, Schweden und Norwegen, sowie *Cook v. United Staates*, 288 US 102 (1933), auf 112, wo sich der Richter *Brandeis* auf die Präambel eines Vertrags zwischen den VSt und GB bezog. Bei *Hackworth*, Digest of International Law V (1943), 245.

[64] Das gleiche gilt auch für den Titel eines Vertrags, wie das *American Law Institute* im Restatement of the Law (Second), Foreign Relations Law of the United States (1965), 453, ausdrücklich unterstrichen hat.

[65] "... earlier clauses are to be explained by later ones, which were added, it is reasonable to suppose, for the sake of explanation ... So also later treaties explain or abrogate older ones." *Moore*, A Digest of International Law V (1906), 253.

[66] *McDougal / Lasswell / Miller* sprechen von den „particular circumstances attending negotiation", und von den „events occuring during the negotiation", wobei offen bleibt, ob es sich dabei um objektive Umstände handeln soll oder um solche, die die Parteien durch ihre Erklärungen schaffen. Offenbar ist beides von Bedeutung. Vgl. unten.

eine solche Erklärung geeignet ist, für das gemeinsame Vertragsverhältnis von Bedeutung zu sein, was sich stets nur im konkreten Fall bestimmen läßt[67]. Hierher gehören nach einer Auffassung aber auch die Bedingungen, welche überhaupt für den „world constitutive process of authoritative decision"[68] bedeutsam sind. Dazu zählen Veränderungen in der relativen Stärke der Vertragsparteien[69], die variierende Wahrscheinlichkeit von bei Vertragsverletzung eintretenden Sanktionen, die sich nach dem Grad der Zwischenabhängigkeit unter den Staaten bestimmt[70], die wechselnde Zusammensetzung der beteiligten Gemeinschaften und der in ihnen maßgeblichen Gruppen mit Bezug auf die Kommunikationsweisen und die Möglichkeit, zu gemeinsamen Auffassungen zu gelangen[71], technische Änderungen auf dem Gebiet der Kommunikation[72] und schließlich Änderungen in den Wegen zu gemeinsamen Werten[73].

B. Sonstige Auslegungsmittel

Neben den Text können traditionellerweise sonstige Auslegungsmittel treten, entweder, um die nach Auslegung des Textes allein noch bestehen bleibenden Unklarheiten auszumerzen[74], oder um — zusammen mit dem Text, allenfalls aber auch in Korrektur des durch ihn

---

[67] Auch eine von einer Partei ausgesprochene und von der/den anderen zurückgewiesene Auffassung ist nicht ohne Bedeutung, weil sich daraus erkennen läßt, daß jedenfalls *diese* Auffassung mangels Einigung nicht jene sein kann, die die Parteien gemeinsam durch den Vertrag verwirklichen wollten. Soweit solche widersprüchliche Erklärungen aus Anlaß des letzten Schrittes im Vertragsverfahren abgegeben werden, kann allerdings der Zweifel berechtigt sein, ob in jenem Punkt überhaupt eine Einigung der Parteien zustandegekommen ist, oder ob sie nicht unter der gleichen Wortformel durchaus Verschiedenes verstanden haben.

[68] *McDougal / Lasswell / Miller*, The Interpretation of Agreements and World Public Order (1967), 34.

[69] „... changes in the interdependences, and in the recognition of interdependences, among peoples, affecting the potentialities of sanctions ..." *Ibid.*

[70] „... changes in the relative strength of the various contending world public orders, which honor persuasion and coercion as instruments of social change in differing degree ..." *Ibid.*

[71] „... changes in the composition of territorial communities and functional groups, affecting both the modalities of communication and the perception of common meanings ..." *Ibid.*

[72] „... changes in the technology of communication and the recording of communication ..." *Ibid.*

[73] „... changes of cooperative strategies in the shaping und sharing of particular values, affecting expectations about the future modalities of such cooperation ..." *Ibid.*

[74] "The interpretation of obscure terms in a treaty is a matter of fact, as to which extrinsic evidence may be taken for the purpose of explaining objective obscurity." *Wharton*, International Law Digest, § 133, II, 36, mit den dort angegebenen Referenzen. (Bei *Moore*, A Digest of International Law V [1906], 252.)

allein gewonnenen Ergebnisses — auf diese Weise die von den Parteien tatsächlich beabsichtigte Regelung festzustellen.

Gerade im letzten Punkt allerdings läßt sich in der überkommenen Lehre und Praxis die auffälligste Uneinigkeit feststellen, die ihren Grund letztlich in rechts- und prozeßpolitischen Maximen hat, über deren Angemessenheit die Meinungen bis heute geteilt sind.

1. Die travaux préparatoires[75]

In der Geschichte des Völkerrechts gibt es wohl wenige Momente, die für einen bestimmten Bereich von solcher Bedeutung geworden sind, wie das Rechtsgutachten des StIG betreffend *Interpretation of the 1919 Convention Concerning Employment of Women During the Night* aus 1932[76], und gleichzeitig durch eine Mehrheitsentscheidung charakterisiert sind, die so knapp ausfiel, daß man von einer Zufallsmehrheit sprechen könnte[77].

Das dem StIG vom VBR unterbreitete Problem betraf die Frage, ob die von der Internationalen Arbeitskonferenz 1919 angenommene Konvention über die Nachtarbeit von Frauen nur Arbeiterinnen oder auch weibliche Angestellte in leitender oder gehobener Stellung betraf[78]. Der StIG entschied mit 6 : 5 Stimmen, daß „Frauen" eben „Frauen" bedeute und daher unter diesen Begriff alle Frauen in industriellen Unternehmen zu subsumieren seien; eine Einschränkung auf „Arbeiterinnen" sei daher ungerechtfertigt.

---

[75] Dazu auch ausführlich *Hackworth*, Digest of International Law V (1943), 259 ff. Vgl. weiters *Lauterpacht*, „Les travaux préparatoires et l'interprétation des traités", 48 RdC (1934), 713 ff.; *ders.*, „Some observations on the preparatory work in the interpretation of treaties", 48 Harvard Law Review (1935), 549 ff.; *Rosenne*, „Travaux préparatoires", 12 ICLQ (1963), 1378 ff.; und *Sharma*, „The ILC Draft and Treaty Interpretation with Special Reference to Preparatory Works", 8 IJIL (1968), 367 ff.

[76] PCIJ-Publications (1932), Ser. A/B, No. 50.

[77] Lediglich das Urteil des IG im *Südwestafrika-Fall* (2. Phase), abgedruckt in ICJ-Reports 1966, das bei einem Stimmenverhältnis von 7:7 aufgrund des Dirimierungsrechts des Präsidenten, *Sir Percy Spender*, zustandekam, kann in seinen (hier: das Vertrauen der Neustaaten und der Staaten der Dritten Welt in die Fähigkeit traditioneller internationaler Institutionen, brennende Probleme des internationalen Lebens in angemessener Weise zu lösen, untergrabenden und damit für das Ansehen des Gerichtshofs und seine Funktion als Hauptrechtsprechungsorgan der Vereinten Nationen katastrophalen) Auswirkungen als Einzelfall mit dem Gutachten von 1932 verglichen werden; doch sind bei letzterem die Langzeitwirkungen von ungleich größerem Gewicht.

[78] Die dem Gerichtshof vorgelegte Frage lautete: "Does the Convention concerning employment of women during the night, adopted in 1919 ..., apply, in the industrial undertakings covered by the said Convention, to women who hold positions of supervision or management and are not ordinarily engaged in manual work?" PCIJ-Publications (1932), Ser. A/B, No. 50, 372.

V. Auslegungsmittel

Auf diese Weise zu einer eindeutigen Aussage aus dem Text gekommen, glaubte der Gerichtshof auf eine von ihm selbst konkretisierte Regel verweisen zu müssen,

„that there is no occasion to have regard to preparatory work if the text of a convention is sufficiently clear in itself"[79].

Tatsächlich griff der StIG jedoch auf die *travaux préparatoires* zurück, um sich gegen den Vorwurf, er setze sich mit seinem Gutachten in Widerspruch zur Auffassung sachverständiger Experten, zu verteidigen[80], tat dies jedoch wiederum in einer formalistischen Weise, indem er u. a. zählte, wie oft jenes Komitee, das die Konvention erarbeitet hatte, im französischen Text das Wort „femmes", wie oft das Wort „ouvrières" verwendet hatte[81]. Die Minderheit ging im Gegensatz zur Mehrheit davon aus, daß die *travaux préparatoires* sehr wohl ein anderes Ergebnis rechtfertigten und das Gutachten des Gerichtshofs daher verfehlt sei[82].

In einer lesenswerten *dissenting opinion* setzte sich der italienische Richter und Völkerrechtsgelehrte *Anzilotti* in scharfsinniger Weise mit der Auffassung der Mehrheit auseinander und wies darauf hin, daß der von ihr begangene entscheidende Fehler darin bestanden habe, eine *mögliche* (und insoweit „klare") Interpretation mit der „richtigen" zu identifizieren und so von vornherein gegen andere, in sich selbst ebenfalls mögliche, und dazu noch durch die *travaux préparatoires* gestützte Lösungen eingenommen zu sein[83]. Erst wenn man wisse, was die Parteien mit dem betreffenden Vertrag beabsichtigt hätten, könne man

---

[79] *Ibid.*, 378.

[80] *Ibid.*

[81] *Ibid.*, 379. Im übrigen ist die Argumentation des StIG in diesem Punkt auch in sich inkonklusiv, indem sie der im französischen Text enthaltenen Formulierung „protection de la santé des ouvrières" ihr Gewicht abspricht, weil dort ja auch im englischen Text statt bloß von „women" von „women workers" die Rede sei, während gerade der Umstand, daß in der grundsätzlichen Aussage des genannten Komitees, „ein wirksames Verbot der Nachtarbeit für Frauen werde einen bedeutenden Fortschritt im Schutze der Gesundheit der Arbeiterinnen" darstellen, von „Arbeiterinnen" und nicht bloß von „Frauen" schlechthin die Rede war, darauf hinzuweisen geeignet ist, daß die gesamte in der Konvention enthaltene Regelung eben zum Schutz der Arbeiterinnen, also jener Kategorie von Frauen getroffen wurde, die manueller Arbeit nachgehen.

[82] "Baron Rolin-Jaequemyns, Count Rostorowski, MM. Fromageot und Schücking, Judges, declare that, in their opinion, the agenda, documents and minutes of the Washington Conference which refer to the Berne Convention of 1906 on the prohibition of night work for women employed in industry, do not permit them to subscribe to the grounds and conclusion of the present opinion." *Ibid.*, 382.

[83] "... I do not see how it is possible to say that an article of a convention is clear until the subject and aim of the convention have been ascertained..." *Ibid.*

überhaupt von einem Text sagen, er sei klar[84]; dann bestehe aber gleicherweise die Möglichkeit, daß man zur Erkenntnis komme, er sei zu eng oder zu weit abgefaßt[85]. Es komme daher vor allem darauf an, jeden Text — den klaren so gut wie den unklaren — im Lichte der *travaux préparatoires* einem Skrutinium zu unterziehen[86].

Auch im *Lotus-Fall* hielt sich der StIG gegenüber dem auf eine angeblich vom Wortlaut nicht zufriedenstellend erfaßte Absicht der Parteien des Lausanner Friedensvertrags vom 24. Juli 1923[87] gestützten Vorbringen Frankreichs an den bloßen Wortlaut, mit dem Bemerken,

„[it] must recall in this connection what it has said in some of its preceding judgments and opinions, namely, that there is no occasion to have regard to preparatory work if the text of a convention is sufficiently clear in itself"[88].

Der Nachfolger des StIG, der IG, nahm seinerseits diese Spruchpraxis 1950 wieder auf, als er es als die erste Pflicht eines internationalen Gerichts hinstellte,

„to endeavour to give effect to [the provisions of a treaty] in their natural and ordinary meaning in the context in which they occur. If the relevant words in their natural and ordinary meaning make sense in their context, that is an end of the matter ..."[89].

Andererseits ist der Weltgerichtshof selbst häufig *de facto* und jedenfalls insoweit von seiner eigenen diesbezüglichen Regel abgewichen, als er sich das von ihm auf Grund des Textes erarbeitete Ergebnis von einer — mehr oder auch weniger gründlichen — Durchsicht der *travaux préparatoires* bestätigen ließ. Das gilt für das Rechtsgutachten betr. *Competence of the International Labour Organization in Regard to International Regulation of the Conditions of Labour of Persons Employed in Agriculture*[90], ja sogar für den *Lotus-Fall*[91], genauso

---

[84] "... the article only assumes its true import in this convention and in relation thereto ..." *Ibid.*

[85] "Only when it is known what the Contracting Parties intented to do and the aim they had in view is it possible to say either that the natural meaning of the terms used in a particular article corresponds with the real intention of the Parties, or that the natural meaning of the terms used falls short or goes further than such intention." *Ibid.*

[86] "... since the words have no value save as an expression of the intention of the Parties ..." *Ibid.*

[87] LNTS XXVIII, 12 ff.

[88] Zit. nach 29 AJIL (1935 Suppl.), 962.

[89] Rechtsgutachten im zweiten Aufnahmefall (*Competence of the General Assembly for the Admission of a State to the United Nations*), ICJ-Reports 1950, 8.

[90] PCIJ-Publications (1922), Ser. B, No. 2, auf 41: "... there is nothing in the preparatory work to disturb this conclusion."

V. Auslegungsmittel

wie für das Rechtsgutachten betr. *Competence of the European Commission of the Danube*[92], wo sich der StIG darauf berief, daß

„the preparatory work fully confirms the conclusion at which the Court has now arrived"[93],

gleichzeitig aber in diesem Zusammenhang Formulierungen verwendete, die den Schluß zulassen, der StIG wäre u. U. doch bereit gewesen, vom Sinn des bloßen Wortlautes zugunsten eines durch Heranziehung der *travaux préparatoires* korrigierten Sinnes abzugehen[94], obwohl er im gleichen Atem noch die traditionelle Regel angerufen hatte, gemäß welcher

„there is no occasion to have regard to the protocols of the conference at which a convention was negotiated in order to construe a text which is sufficiently clear in itself"[95].

Auf der gleichen Linie liegen auch jene Sätze im Urteil des IG von 1952 im *Case Concerning Rights of Nationals of the United States of America in Morocco*, nach welchen das Vorbringen der VSt betreffend eine besondere der Algeciras-Akte von 1906 zugrundeliegende Absicht der Parteien unhaltbar sei,

„[for n]either the preparatory work nor ... gives the least indication of any such intention"[96].

Aus dieser Formulierung kann man schließen, daß ein sich aus den *travaux préparatoires* ergebendes abweichendes Ergebnis allenfalls doch nicht völlig unbeachtlich gewesen wäre.

Noch eindeutiger erscheint die Neigung des Weltgerichtshofs, *travaux préparatoires* heranzuziehen, natürlich dort, wo der Text als solcher das Ergebnis nach des Gerichtshofes Auffassung nicht eindeutig bestimmen läßt. Im Fall *Treatment of Polish Nationals and Other Persons of Polish Origin or Speech in Danzig* hielt es der StIG ausdrücklich für nützlich,

---

[91] PCIJ-Publications (1927), Ser. A, No. 10, auf 17.
[92] PCIJ-Publications (1927), Ser. B, No. 14.
[93] *Ibid.*, auf 28.
[94] "[T]he records of the preparation of the Definitive Statute [of the European Commission of the Danube] do not, in the opinion of the Court, furnish anything calculated to overrule the consruction indicated by the actual terms of Article 6." *Ibid.*
[95] *Ibid.*, 28. Vgl. auch den *Georges Pinson-Fall* (1928), ADPILC (1927/28), 426, wo es heißt: „Inasmuch as the text of the Convention is clear in itself, there is no reason to appeal to alledged contrary intentions of its authors unless *both parties* concerned agree that the text does not cover their common intention." (Hvhbg. vom Verf.)
[96] *Ibid. (American Nationals in Morocco)*, 198.

„in order to ascertain [the] precise meaning [of the text], to recall here somewhat in detail the various drafts which existed prior to the adoption of the text now in force"[97].

Und im *Lighthouses Case* (1934)[98] sprach der StIG ganz offen aus, daß

[w]here the context does not suffice to show the precise sense in which the Parties to the dispute have employed these words in their Special Agreement, the Court, in accordance with its practice, has to consult the documents preparatory to the Special Agreement [durch welches Frankreich und Griechenland vereinbart hatten, die in Rede stehenden Fälle dem StIG zu unterbreiten; Anm. d. Verf.], in order to satisfy itself as to the true intention of the Parties"[99].

Die Urteilsbegründung im *Oder-Kommissions-Fall* (1929)[100] weist schließlich darauf hin, daß nur solche *travaux préparatoires* in Frage kommen können, auf Grund derer man die dort zum Ausdruck kommende Absicht allen Parteien als auch die ihre vorhalten könne. Dies ist aber dort nicht der Fall, wo eine oder mehrere Parteien erst nachträglich (z. B. durch Beitritt[101]) zum Vertrag hinzugetreten sind, denn ihnen muß eine nur in den *travaux préparatoires,* nicht aber im Text des betreffenden Vertrags (oder doch nicht ausreichend klar) zum Ausdruck kommende Absicht grundsätzlich unbekannt sein[102]:

"[N]o account can be taken of evidence which is not admissible in respect of certain of the Parties to that case[103]."

Nach *Hyde*[104] läßt sich die reservierte Haltung internationaler (Schieds-)Gerichte gegenüber den *travaux préparatoires* auf eine *common law*-Tradition zurückführen[105]. Während *Hyde* diese Tradition für den Bereich des Völkerrechts aber ablehnt und die Heranziehung

---

[97] PCIJ-Publications (1932), Ser. A/B, No. 44, auf 33.
[98] PCIJ-Publications (1937), Ser. A/B, No. 62.
[99] *Ibid.*, 13.
[100] PCIJ-Publications (1929), Ser. A, No. 23.
[101] Zum Beitritt vgl. *Köck,* „Der Beitritt zu völkerrechtlichen Verträgen", 20 (NF) ÖZöR (1970), 217 ff.
[102] Da drei der vor dem StIG erschienenen Staaten an der Erarbeitung des FV von Versailles (*Martens,* NRGdT, 3, Ser., XI, 331 ff.) nicht teilgenommen hatten, hielt der StIG hinsichtlich der Pariser Friedenskonferenz, daß „accordingly the record of this work cannot be used to determine, in so far as [those three states] are concerned, the import of the Treaty". PCIJ-Publications, Ser. A, No. 23, auf 39.
[103] *Ibid.*, 42.
[104] International Law Chiefly as Interpreted and Applied by the United States II (2. Aufl. 1947), 1497 f.
[105] Die dortige Ablehnung von Absichtserklärungen der Parteien, die u. U. im Text keine ausreichende Entsprechung finden, ist durch die Angst bestimmt, die Jury könnte durch solche Erklärungen irregeführt werden. *Ibid.*

der *travaux préparatoires* hier für nützlich hält[106], vertritt *Schwarzenberger* die Auffassung,

„[that] the preparatory work *(travaux préparatoires)* is of limited value"[107].

Schwarzenberger begründet seine Auffassung mit der Ambivalenz, die in dem Umstand begründet ist, daß eine der Erklärung einer Partei entsprechende Absicht im Text nicht (ausreichend) zum Ausdruck kommt:

"[This] may indicate that the negotiators who voiced such opinions were prepared to proceed to signature only on the assumption that the other party accepted their interpretation of a draft clause. Yet, the fact that the controversial clause was not reformulated so as to give expression to such an intention, may also be regarded as evidence that such an interpretation ought to be rejected[108]."

Man wird nicht fehlgehen, wenn man in diesem Zusammenhang abschließend feststellt, daß gerade in der Frage, ob, wann und in welchem Ausmaß *travaux préparatoires* bei der völkerrechtlichen Vertragsinterpretation heranzuziehen sind, traditionellerweise große Unsicherheit herrscht, wobei dieselbe weniger auf eine Abwertung der *travaux préparatoires* als solcher als Ausdruck des „wahren" Willens der Parteien, als vielmehr auf das Unvermögen zurückzuführen ist, sie in einer allen Vertragsparteien gleichermaßen Gerechtigkeit widerfahrenlassenden Weise heranzuziehen.

2. Quasi-Annexe

Geht man davon aus, daß zum Vertrag als Ganzes auch die ihm angeschlossenen Annexe gehören oder diese doch jedenfalls einen Teil des Zusammenhanges i. e. S. bilden, so versteht es sich, daß solche Annexe eine wichtige Rolle im Auslegungsverfahren spielen können.

Schwieriger wird die Frage dort, wo ein bestimmtes Dokument formell nicht eindeutig als Annex zu einem Vertrag erscheint; hier können Zweifel über den Auslegungswert dieses Dokuments für den betreffenden Vertrag auftauchen. In einem solchen Fall ist der IG davon

---

[106] "This objection [d. h. die der *common law*-Tradition zugrundeliegende; Anm. d. Verf.] is not applicable to adjudications concerning the interpretation of agreements between States. Declarations of their negotiators, insofar as they indicate the sense in which terms were employed, are valuable, not merely because they may be safely entrusted to the consideration of judges or arbitrators, or to ministers of State ... When the declarations of negotiators constitute a part of the negotiations leading up to the signature and subsequent acts pertaining to the perfecting of a treaty, they are to be regarded as a part of the preparatory work, and are to be dealt with accordingly." *Ibid.*

[107] International Law (3. Aufl. 1957), 514.

[108] *Ibid.*

ausgegangen, daß es nicht auf die formelle Stellung des Dokuments ankommen könne, sondern daß darauf abzustellen sei, ob zwischen ihm und dem Vertrag ein inhaltlicher *(materieller)* Zusammenhang besteht. In einem solchen Fall ist das Dokument zur Auslegung des betreffenden Vertrags heranzuziehen[109].

3. Deklarationen und sonstige Äußerungen der Unterhändler

Diese formen eigentlich nur einen Teil dessen, was wir oben in Zusammenhang mit den *travaux préparatoires* bereits behandelt haben. Praxis und Lehre nehmen demgemäß ihnen gegenüber eine unsichere Haltung ein. *Hyde* befürwortet ihre Heranziehung stark[110], und zwar nicht bloß solcher im Vertragsverfahren abgegebener, sondern auch der erst nach Abschluß des Vertrags gemachten[111]. Dabei beruft er sich auf den Spruch einer Kommission, gebildet auf Grund eines von den VSt und GB zur Auslegung von Art. V des *Jay-Treaty* vom 19. November 1794 zwischen ihnen abgeschlossenen Vertrags, die spätere Äußerungen einzelner Unterhändler zur Feststellung eines bestimmten, im Vertrag genannten, dann aber in Vergessenheit geratenen Flusses heranzog[112].

Andererseits finden sich in jüngerer Zeit im Bereich internationaler Entscheidungen Stimmen, die solchen Erklärungen der Unterhändler ablehnend gegenüberstehen. Besonders pointiert ist in diesem Zusammenhang die Äußerung des Richters *Azevedo* in seiner *dissenting opionion*[113] im sog. zweiten Aufnahmefall (1950), wo er derartige Erklärungen als „double-edged weapons" bezeichnet[114]. Auch *Sir Eric Beckett* trat in seinem dem *Institut de Droit International* 1950 vorgelegten Bericht gegen die Heranziehung derartiger Äußerungen mit der Begründung auf,

---

[109] So hielt der IG im *Ambatielos-Fall* (Preliminary Objection), ICJ-Reports 1952, auf 44, daß „the provisions of the Declaration are in the nature of an interpretation clause, and, as such, should be regarded as an integral part of the Treaty even if this was not stated in terms ...".

[110] "Declarations on the part of the negotiators of a treaty at the time of its conclusion, or by plenipotentiaries exchanging ratifications, indicating the understanding of the parties as to the sense in which particular terms were employed are useful as sources of interpretation and should not be disregarded." International Law Chiefly as Interpreted and Applied by the United States (2. Aufl. 1947), auf 1497.

[111] "... the declarations of negotiators even long subsequent to the perfection of an agreement [are not] without value ..." Ibid.

[112] Mit Verweisung auf *Moore*, International Adjudications I (1929), 63 ff., und II (1930), 362 f. Der Spruch beruhte in diesem Punkt aber letztlich auf Hinweisen in den Schriften früher französischer Reisender. Vgl. *ibid.*, 363.

[113] ICJ-Reports 1950, 4 ff.

[114] *Ibid.*, auf 30: "... the *travaux préparatoires*, which can often lend themselves to contradictory use, like a double-edged weapon."

"[i]f everybody at a conference, where there are committees and minutes, really thought that the speeches there made were going to be vital for the ultimate instrument, the meetings, which are rather laborious and lengthy in any case, would be longer still. It would be almost as difficult to obtain agreement on the minutes of every meeting as it is upon the text of the ultimate instrument. Some people do think this. Their interventions are lengthy and they make difficulties about the minutes every time. Other people attach less value to speeches and minutes. They are thinking only of the ultimate text and assume that these discussions and minutes are of a very ephemeral value and importance[115]."

Dies veranlaßt *Schwarzenberger* zur Feststellung, daß

„[i]n view of the largely equivocal character of [such declarations], international judicial institutions tend to ressort to it only in a subsidiary manner"[116].

C. Zweck und Ziel des Vertrages

Obgleich Ziel und Zweck eines Vertrages nicht als solche isoliert erscheinen, sondern entweder aus dem Text allein oder aus dem Text im Zusammenhang i. w. S.[117] oder aus den *travaux préparatoires* genommen werden müssen[118], spielt doch die Formel „object and purpose"[119] bei der Vertragsauslegung eine nicht unbedeutende Rolle[120]. Zwar

---

[115] 43 Annuaire de l'Institut de Droit International (1950 I), 435 ff. Er führt in diesem Zusammenhang aus, die Erklärungen der Unterhändler sollten schon deswegen nicht herangezogen werden, weil die wichtigsten Entscheidungen ohnedies hinter den Kulissen getroffen würden und das Wie und Warum daher in den Protokollen nicht aufscheine. *Ibid.*, 443.

[116] International Law (3. Aufl. 1957), 515. *Schwarzenberger* selbst billigt diese Haltung, indem er auf die seiner Meinung nach zweifelhaften eigentlichen Absichten verweist, die Unterhändler mit derartigen Äußerungen verbinden mögen: "Strong speeches may be made for purposes of the record, but merely cover a strategic retreat ... Delegates who are confident that, for intrinsic or extrinsic reasons, their views will ultimately prevail, may permit themselves the luxury of dignified silence. Ought a premium to be put on vocalism by subsequently ascribing to such efforts the character of a common intention?"

[117] Für *Lauterpacht* gehören Zweck und Ziel des Vertrags zum „Vertrag als Ganzes": "The whole of the traty must be taken into consideration, if the meaning of any one of its provisions is doubtful; and not only the wording of the treaty, but also its purpose, the motives which led to its conclusion, and the conditions prevailing at the time." *Oppenheim / Lauterpacht*, International Law I (8. Aufl. 1955), 953.

[118] "In construing the Treaty its history should be consulted." *Cook v. US*, 288 US 102 (1933), auf 111. (Bei *Hackworth*, Digest of International Law V [1943], auf 242). Vgl. dazu auch *Parry*, „The Law of Treaties", Manual of Public International Law (1968), 175 ff., auf 210 f.

[119] Zum erstenmal als Formel zu Berühmtheit gelangt in Rechtsgutachten der IG betr. *Reservations to the Convention on Genocide*, ICJ-Reports 1951, 15 ff., und zwar in Zusammenhang mit der Frage der Zulässigkeit von Vorbehalten.

[120] Vgl. dazu schon *Vattel*, Droit des gens, II, ch. XVII, sec. 287: „La *raison de la Loi*, ou *du Traité*, c'est-à-dire le motif qui a porté à les faire,

erheben sich, soweit Zweck und Ziel des Vertrags nicht aus dem Text allein, sondern aus anderen Auslegungsmitteln erhoben werden soll, dagegen dieselben Bedenken, die gegen diese Auslegungsmittel als solche geltend gemacht werden[121], doch glaubt man, auf *object and purpose* bei der Vertragsauslegung auch in diesen Fällen nicht völlig verzichten zu können[122].

Interessant ist in diesem Zusammenhang eine vom Kommentar zum *Harvard-Draft* von 1935 gemachte Äußerung, die auf eine Unterscheidung von konkretem und abstraktem Zweck des Vertrags hinausläuft. Nach der Feststellung, häufig müßten Vertragsbestimmungen zum Zwecke der Anwendung auf Umstände ausgelegt werden, an die die Parteien ursprünglich überhaupt nicht gedacht oder hinsichtlich deren Regelung sie sich doch nicht hätten einigen können[123], wird nämlich festgestellt:

"... such meaning [*given* to the treaty in the light of considerations other than any specific intent of the parties with respect to those particular situations] can and should effectuate the 'intention of the parties' in *the sense that is conformable to the general purpose* which they had in mind when they concluded the treaty[124]."

Unerfindlich bleibt hier allerdings, wie jedenfalls in jenen Fällen, wo (bzw. bzgl. derer) sich die Parteien erklärtermaßen nicht einigen konnten, aus ihrer „allgemeinen Absicht", also dem generell-abstrakten Zweck des Vertrags, etwas für seine Auslegung[125] gewonnen werden kann. Richtigerweise müßte doch in diesem Fall die Auslegung zur Feststellung kommen, daß für ihn keine vertragliche Regelung der Parteien vorliegt, und sich daher in diesem Punkt ihre wechselseitigen

---

la vuë que l'on s'y est proposée, est un des plus sûrs moyens d'en établir le véritable sens..." (Hvhbg. im Orig.) "There is ... some danger that the concept of the 'intention of the parties' may be carried to too great extremes, with the result that it becomes entirely artificial, and amounts merely to a phrase employed by the interpreter to justify conclusions arrived at by some method other than the ascertainment of any actual intention of the parties." *Harvard-Draft*, Law of Treaties, 29 AJIL (1935 Suppl.), 952.

[121] Vgl. oben, B.

[122] "It is practically self-evident that the terms of a treaty cannot be thoroughly comprehended unless in the light of the design which prompted its conclusion, and likewise that that interpretation of a treaty is to be favored which will harmonize with and tend to effectuate the purpose which it was intended to serve." *Ibid.*, 948.

[123] Vgl. hier auch *Hudson*, The Permanent Court of International Justice (1943), auf 644, wo es u. a. heißt: "More often, the problem raised before the Court was not foreseen when the instrument in question was being drafted, neither the particular problem nor the general class to which it belongs..."

[124] 29 AJIL (1935 Suppl.), auf 953. (Hvhbg. vom Verf.)

[125] Im übrigen ist dieser Auslegungsbegriff ein sehr weiter; vgl. dazu unten, Zweiter Teil, III, D.

Rechte und Pflichten lediglich nach den sonstigen, auf den Fall anwendbaren Normen des Völkerrechts bestimmen[126].

D. Verhältnis des Vertrages zu sonstigen Normen des Völkerrechts

Es ist von Praxis und Lehre allgemein anerkannt, daß die Normen des Völkerrechts — seien es die des allgemeinen, seien es solche regionalen Gewohnheitsrechts, seien es sonstige Völkerrechtsnormen —, die auf die Vertragsmaterie Bezug haben (gleichsam deren juristischen Sitz im Leben ausmachen), für die Auslegung eines Vertrags von Bedeutung sind. Eine vertragliche Regelung besteht ja nicht in einem sonst und an und für sich rechtsfreien Raum, sondern ist (und kann nur sein) ein Teil der größeren, zwischen den Mitgliedern der internationalen Gemeinschaft wirksamen Rechtsordnung[127].

Von dieser allgemein[128] und insbesondere und ausdrücklich in der sowjetischen Völkerrechtslehre anerkannten[129] Auffassung ist die Frage zu trennen, ob eine vertragliche Norm „völkerrechtsfreundlich" auszulegen ist, d. h., so zu interpretieren, daß sie einem bestimmten völkerrechtlichen Institut möglichst keinen Abbruch tut. Für solche Fälle wird man wohl aufgrund der vom IG im *Case Concerning Right of Passage*

---

[126] Der im *Harvard-Draft* geäußerten Meinung liegt offenbar die Auffassung zugrunde, daß Parteien, die einen bestimmten Gegenstand vertraglich regeln, eine Außerstreitstellung ihrer Beziehungen auch in jenen Punkten dieses Gegenstands gewollt haben, in denen es zwischen ihnen zu keiner konkreten Einigung gekommen ist. Es wird damit präsumiert, daß sie in diesen Fällen die Entscheidung dem objektiven Spruch der zur „Auslegung" berufenen Instanz überlassen, die in diesem Fall allerdings nicht auslegend, sondern rechtsetzend tätig wird. Dahinter steht der vermutete Wille der Parteien *ut sit finis litium*.

[127] "... it is clear that the treaties themselves are part of the international law as accepted by [the] contracting powers and it may be safely assumed that, when the treaties were concluded, both parties considered them as being agreed upon as special provisions to be enforced between them in what may be called the atmosphere and spirit of international law as recognized by both of them." Der Schiedsrichter *Borel* in der Entscheidung vom 18. Juli 1932 in den Fällen *Kronprins Gustav Adolf* und *Pacific*; abgedruckt in 26 AJIL (1932), 839 f.

[128] "If ... the meaning of a provision is ambiguous, ... the consistent meaning [is to be preferred] to the meaning inconsistent with generally recognised principles of international law ..." *Oppenheim / Lauterpacht*, International Law I (8. Aufl. 1955), 952 f.

[129] "[Interpretation of treaties is to] be conducted, first, in strict consonance with 'the basic principles of international law' ..." *Triska / Slusser*, The Theory, Law, and Policy of Soviet Treaties (1962), 115. Die in der Folge demonstrativ angeführten Grundsätze umfassen u. a. jene des Friedens und der internationalen Sicherheit, der Souveränität der Staaten, der Gleichheit und der Reziprozität. Zu letzterer vgl. *Simma*, Das Reziprozitätselement im Zustandekommen völkerrechtlicher Verträge (1972), und *ders.*, Das Reziprozitätselement in der Entstehung des Völkergewohnheitsrechts (1970).

Over Indian Territory[130] zum Ausdruck gebrachten Auffassung zum Schluß kommen müssen, daß vertragliche Bestimmungen so auszulegen sind, daß sie im Zweifel die Effektivität sonstiger völkerrechtlicher Regelungen nicht berühren[131]; erst wo eine solche Auslegung mit dem Wortlaut nicht mehr vereinbar wäre, wird eine restriktive Version gewählt werden müssen[132]. Das gleiche gilt insbesondere für den Vorzug einer mit anderen Vertragsverpflichtungen vereinbaren vor einer mit solchen Verpflichtungen unvereinbaren Auslegung[133].

E. Die vertragsbezügliche Praxis

Was die vertragsbezügliche[134] Praxis anlangt, so ist allgemein anerkannt, daß sie für die Auslegung eines Vertrages von Bedeutung ist[135].

---

[130] Urteil über die *Preliminary Objections* vom 26. November 1957, ICJ-Reports 1957, 124 ff.

[131] *Ibid.*, 141 f.

[132] Diese Frage ist z. B. von Bedeutung für die Auslegung von sog. *self-judging clauses* in Erklärungen betreffend die Unterwerfung eines Staates unter die obligatorische Gerichtsbarkeit des IG gem. Art. 36 Ziff. 2 IG-Statut, von denen die „berühmteste" die US-amerikanische mit dem sog. *Connally-Amendment* ist. Vgl. zu seiner Problematik *Preuss*, „Questions Resulting from the Connally Amendment", 32 ABAJ (1946), 660 ff.; *Hudson*, „The World Court: America's Declaration Accepting Jurisdiction", *ibid.*, 832 ff. Von den vielen kritischen Stimmen, die die bisher erfolglose Kampagne zu seiner Streichung unterstützten, vgl. *Briggs*, „Towards the Rule of Law", 51 AJIL (1957), 517 ff.; *ders.*, „United States and the International Court of Justice", 53 *ibid.* (1959), 319 f. — Während der IG im *Interhandel-Fall*, ICJ-Reports 1959, 6 ff., die Entscheidung über die Frage, welche Wirkung das *Connally-Amendment* im internationalen Bereich habe, umging, ergibt sich aus seiner Entscheidung im Fall *Certain Norwegian Loans*, daß eine solche Klausel, obwohl sie damit die Unterwerfungserklärung und so das System der obligatorischen Streiterledigung durch den IG unwirksam macht, nicht außer Acht gelassen werden dürfe. ICJ-Reports 1957, 9 ff. Vgl. auch *Lauterpachts concurring opinion, ibid.*, 43 ff.

[133] "If ... the meaning of a provision is ambiguous, the consistent meaning [is to be preferred] to the meaning inconsistent ... with previous treaty obligations towards third States." *Oppenheim / Lauterpacht*, International Law I (8. Aufl. 1955), 952 f.

[134] Auch eine zwar nicht auf *diesen* Vertrag oder auf das Verhältnis gerade *dieser* Vertragsparteien, aber auf die darin geregelten Angelegenheiten im allgemeinen bezogene Praxis kann von Bedeutung sein. So schloß der Richter *Cardozo* im Fall *In re D'Adamo's Estate*, 212 N.Y. 214 (1914), auf 228, aus der Tatsache, daß sich die VSt stets geweigert hatten, in Verträgen ausländischen Konsuln das Recht zur Verwaltung des Nachlasses ihrer in den VSt verblichenen Staatsangehörigen zuzugestehen, daß im Zweifel auch der Vertrag zwischen den VSt und Schweden vom 1. Juni 1910 in negativem Sinne ausgelegt werden müsse: "It is not to be lightly presumed that the government of the nation departed from the precedent of a century, and by an obscure clause in a long and involved article of this convention overturned its settled practice." Bei *Hackworth*, Digest of International Law V (1943), 252.

[135] *McDougal / Lasswell / Miller*, The Interpretation of Agreements and World Public Order (1967), 96, zählen „the subsequent actions of the parties

V. Auslegungsmittel

Der Kommentar zum *Harvard-Draft* spricht in diesem Zusammenhang auf der Grundlage der Spruchpraxis des StIG[136] von einem „familiar principle", und *Lord McNair* erklärt entschieden:

"Here we are on solid ground and are dealing with *a judicial practice worth to be called a rule*, namely that, when there is a doubt as to the meaning of a provision or an expression contained in a treaty, the relevant conduct of the contracting parties after the conclusion ... has a high probative value as to the intention of the parties at the time of its conclusion[137]."

Dabei sind drei verschiedene Versionen möglicher vertragsbezüglicher Praxis[138] zu unterscheiden. Diese lassen sich wiederum in zwei Gruppen zusammenfassen: solche Praxis, die mit dem Text des Vertrags vereinbar ist, und solche, die ihm an sich widerspricht. Bei der ersten Gruppe kann es sich um eine einseitige, d. h. nur von einer der Vertragsparteien gesetzte, aber von den anderen tolerierte Praxis[139], oder um eine beiderseitige bzw. allseitige Praxis[140] handeln. In beiden

---

under the agreement" zu jenen „indices of expectation", welche besser als der bloße Text in der Lage seien, „[to] determin[e] the genuine shared expectations of parties to an agreement ...".

[136] Der *Harvard-Draft* bezieht sich dabei u. a. auf folgende Fälle: *Competence of the International Labour Organization* ..., PCIJ-Publications (1922), Ser. B, No. 2, auf 39 und 41; vgl. auch PCIJ-Publications (1926), Ser. B, No. 13, auf 19; *Interpretation of Para. 4 of the Annex Following Article 179 of the Treaty of Neuilly*, PCIJ-Publications (1924), Ser. A, No. 3, auf 8 f.; *Zuständigkeit Danziger Gerichte für Klagen gegen die Polnische Eisenbahnverwaltung*, PCIJ-Publications (1928), Ser. B, No. 15, auf 18. Aus der Schiedsspruchpraxis führt der *Harvard-Draft* an: den *Chamizal Case*, 5 AJIL (1911), auf 805; und den *North Atlantic Fisheries Case*, Scott, Hague Court Reports (1916), auf 190. (29 AJIL [1935 Suppl.], 966 ff.)

[137] Law of Treaties (1961), 424.

[138] Ein Sonderfall ist die Auslegung des Gründungsvertrags einer internationalen Organisation durch die Praxis ihrer Organe, weil dadurch u. U. auch Staaten gebunden werden können, die bei Abstimmungen im betreffenden Organ überstimmt worden sind. Das Problem ist behandelt bei *Sir Humphrey Waldock* im Dritten Bericht über das Vertragsrecht, YBILC 1964 II, 59. (Mit Verweisung vor allem auf das Rechtsgutachten des IG betr. *Certain Expenses of the United Nations*, ICJ-Reports 1962, 157 ff., samt Sondervoten, 187 ff. und 201 ff.). Diese Frage wird insbesondere bei der sog. teleologischen Vertragsinterpretation von Bedeutung, wenn nach der *effet utile*-Regel oder der *implied powers*-Lehre eine Auslegung vorgenommen wird, die dem politischen Willen eines oder mehrerer Mitgliedstaaten zur Zeit der Auslegung besonders zuwider ist. *Seidl-Hohenveldern* hat allerdings gezeigt, daß dies „für die rechtliche Verbindlichkeit des Vertrages und für dessen Auslegung nach den zunächst von allen Parteien gebilligten Zielen *rechtlich* unerheblich [ist], so groß das politische Gewicht" der Auffassung jenes Mitglieds auch sein mag. Das Recht der Internationalen Organisationen einschließlich der Supranationalen Gemeinschaften (1967), auf 204.

[139] "If all the parties to a treaty ... permit its execution, in a particular manner, that fact may reasonably be taken into account as indicative of the real intention of the parties ..." *Harvard-Draft*, Law of Treaties, 29 AJIL (1935 Suppl.), 966.

Fällen ist diese Praxis als verbindliche, gleichsam authentische Interpretation[141] des Vertrags anzusehen.

In Fällen der zweiten Gruppe kann von einer vertragskonformen Interpretation nicht gesprochen werden. Trotzdem ist auch hier die vertragsbezügliche Praxis von Bedeutung, weil eine Partei der Anwendung des Vertrags durch die Gegenseite in einer ihrer eigenen Praxis entsprechenden Weise nach dem Grundsatz des *non venire contra factum proprium* nicht widersprechen kann[142]. Dies ist in der herkömmlichen internationalen Rechtsprechung allgemein anerkannt[143]. Dadurch tritt aber tatsächlich eine Vertragsänderung ein:

"... careful consideration must be given to the conduct of the Parties and to the attitude adopted by each of them ... This course of conduct may, in fact, be taken into account not merely as a means useful for interpreting the Agreement, but also as something more: that is, as a possible source of subsequent modification, arising out of certain actions or certain attitudes, having a bearing on the juridical situation of the Parties and on the rights that each of them could properly claim[144]."

---

[140] Je nachdem, ob es sich um einen bilateralen oder einen multilateralen Vertrag handelt.

[141] "... the [parties to the treaty] have, by their subsequent treaties and their consistent course of conduct in connection with all cases arising thereunder, put such an authoritative interpretation upon the language of the Treaties [in question] as to preclude them from now [making a different contention] ..." *Chamizal Case*, 5 AJIL (1911), 805.

[142] "[Where] the conduct of the parties [has] been in disregard of the provisions of the treaty, ... the rule as stated amounts to a large extent to the application of the principle of estoppel." *Oppenheim / Lauterpacht*, International Law I (8. Aufl. 1955), 957, Anm. 1.

[143] *Lauterpacht* verweist auf den *Corfu Channel Case*, ICJ-Reports 1949, 25; auf das Rechtsgutachten betr. den *Status of South-West Africa*, ICJ-Reports 1950, 135; sowie auf das Rechtsgutachten im *zweiten Aufnahmefall*, ICJ-Reports 1950, 9. Vgl. auch das Urteil des IG im Fall *Arbitral Award Made by the King of Spain on 23 December 1906*, ICJ-Reports 1960, 209 ff. Ibid., 213, sagte der Gerichtshof: "Nicaragua, by express declaration and by conduct, recognized the Award as valid and it is no longer open to Nicaragua to go back upon the recognition and to challenge the validity of the Award."

[144] Schiedsspruch des *Arbitration Tribunal Established Pursuant to the Arbitration Agreement Signed at Paris on January 22, 1963, Between the United States of America and France*, vom 22. Dezember 1963, 3 ILM (1964), auf 713. (Mit Berufung auf die Entscheidung des IG im *Tempel-Fall [Case Concerning the Temple of Préah Vihéar]*, ICJ-Reports 1962, auf 33, wo es heißt: "Both parties, by their conduct, recognized the line and therefore in effect agreed to regard it as being the frontier line.")

F. Traditionelle Auslegungsregeln

1. Allgemeines

In der internationalen Rechtsprechung und in der Lehre finden sich immer wieder vielerlei Hinweise[145] auf bestimmte Auslegungsregeln[146], die man aus diesem Grund auch als „klassische" Auslegungsregeln bezeichnen könnte[147]. Mit ihnen verbunden findet sich meist aber auch ein *caveat*, dahingehend, daß man diese Regeln flexibel anwenden[148] und sich hüten müsse, in ihnen im allgemeinen mehr als eine Anleitung für die eigene Auslegungstätigkeit zu sehen[149]:

"[T]he question posed by many jurists is rather as to the non-obligatory character of many of these principles and maxims ... They are, for the most part, principles of logic and good sense valuable only as guides to assist in appreciating the meaning which the parties may have intended to attach to the expressions which they have employed in a document[150]."

In der Folge sollen einige dieser Interpretationsmaximen dargestellt werden.

2. Die ordinary meaning-rule

Die am häufigsten in internationalen Entscheidungen bezogene Regel[151] ist wohl jene, daß man einem Wort im Text zum Zwecke der

---

[145] In seinem Dritten das Vertragsrecht betreffenden Bericht an die ILC stellte *Sir Humphrey Waldock* fest: "The great majority of cases submitted to international adjudication involves the interpretation of treaties, and the jurisprudence of international tribunals is rich in references to principles and maxims of interpretation."

[146] Es ist bemerkenswert anzumerken, daß nach einer Auffassung diese Auslegungsregeln nur zwischen zivilisierten Staaten gelten sollen; die Anwendbarkeit „technischer" Auslegungsregeln auf Verträge mit Indianerstämmen ist von den VSt 1831 verneint worden. Vgl. *Moore*, A Digest of International Law V (1906), 251.

[147] Sie könnten daher, wie *Lord McNair* sagt, nicht völlig ignoriert werden. Law of Treaties (1961), 366.

[148] "It is always to be recalled ... that the process of interpretation of treaties is, of necessity, one which is not to be confined within narrow limits by iron-clad rules ..." Kommentar zum *Harvard-Draft*, Law of Treaties, 29 AJIL (1935 Suppl.), 947.

[149] "... all 'rules' ... are but guides to direct the interpreter towards a decision which conforms, not to perceived standards, but to the circumstances peculiar to the particular case before him." *Ibid.* — Vgl. auch *Lord McNair:* "... in dealing with [these rules] we shall treat them not so much as rules but as convenient headings for the purpose of grouping the judicial and other authorities. There can be no doubt that in many of the decisions useful guidance in the task of interpretation can be found without regarding them as examples of rules." Law of Treaties (1961), 366.

[150] Dritter Bericht *Sir Humphrey Waldocks*, YBILC 1964 II, 54. Vgl. dazu auch den Kommentar zum *Harvard-Draft*, Law of Treaties, 29 AJIL (1935 Suppl.), auf 947: "Many of [these rules] ... are 'full of common sense'."

[151] Vgl. aus der Zeit des StIG den *Case Concerning the Factory at Chorzów* (Claim for Indemnity) (Jurisdiction), PCIJ-Publications (1927),

Auslegung jene Bedeutung beilegen müsse, die sich aus dem allgemeinen Sprachgebrauch ergibt[152]. Diese Bedeutung wird als die „gewöhnliche" oder „natürliche"[153] bezeichnet[154].

Die Regel erfährt jedoch dort eine Ausnahme, wo es sich irgendwie — sei es aus der erklärten Absicht der Parteien[155], sei es aus dem Zusammenhang im engeren[156] oder weiteren[157] Sinn — ergibt, daß anstelle

---

Ser. A, No. 9, auf 24: "For ... interpretation ..., account must be taken not only of the historical development of arbitration treaties, as well as of the terminology of such treaties, and of *the grammatical and logical meaning of the words used* ..." Vgl. auch das Rechtsgutachten im Fall *Polish Postal Service in Danzig*, PCIJ-Publications (1925), Ser. B, No. 11, auf 39.

[152] Vgl. das Rechtsgutachten des IG im *zweiten Aufnahmefall*, ICJ-Reports 1950, auf 8: "... it [is] necessary to say that the first duty of a tribunal which is called upon to interpret and apply the provisions of a treaty, is to endeavour to give effect to them in their natural and ordinary meaning ... If the relevant words in their natural and ordinary meaning make sense ..., that is an end to the matter."

[153] Vgl. *ibid.* — Wenn der IG nicht von „natural *or* ordinary", sondern von „natural *and* ordinary" spricht, so will dies doch offenbar nicht bedeuten, daß sich „natural" und „ordinary" als Verschiedenes ergänzen, sondern daß sie als Dasselbe bezeichnend tautologisch nebeneinanderstehen. Wollte man dem anstelle eines „or" stehenden „and" aber tatsächlich eine besondere und beabsichtigte Bedeutung beimessen, so würde „ordinary" allenfalls mehr auf den allgemeinen Sprachgebrauch, „natural" mehr auf die etymologische Wurzel des betreffenden Wortes abstellen.

[154] Weitere vom StIG verwendete Qualifikationen sind in diesem Zusammenhang „literal", „normal", „logical", „reasonable" und „(sufficiently) clear". Vgl. *Harvard-Draft*, Law of Treaties, 29 AJIL (1935 Suppl.), 942, mit Verweisung auf *Hudson*, The Permanent Court of International Justice (1934), 556. — Nach *Cheng*, General Principles of Law (1953), 107, haben einzelne internationale Entscheidungen einen Standard angelegt, den man als objektiv-subjektiven bezeichnen könnte: "As to the terms that a party employs, these are presumed to have been used in the contemporary and general sense in which the other party would have understood them at the time the treaty was concluded."

[155] Hier taucht wiederum das Problem der Einbeziehung oder Nichteinbeziehung der *travaux préparatoires* zum Zwecke der Feststellung des Parteiwillens auf. In seinem Rechtsgutachten im *zweiten Aufnahmefall*, ICJ-Reports 1950, auf 8, hielt der IG dies nur dann für zulässig, „[i]f ... the words in their natural and ordinary meaning are ambiguous or lead to an unreasonable result"; mit Berufung auf das Rechtsgutachten des StIG im Fall *Polish Postal Service in Danzig*, PCIJ-Publications (1925), Ser. B, No. 11, auf 30, wo sich dieser auf „a cardinal principle of interpretation" gestützt hatte, nach welchem „words must be interpreted in the sense which they would normally have in their context, unless such interpretation would lead to something unreasonable or absurd".

[156] Den engeren Zusammenhang meint offenbar der IG in seinem Rechtsgutachten im *zweiten Aufnahmefall*, ICJ-Reports 1950, auf 8, wenn er von „the context, in which they [i. e. the words; Anm. des Verf.] occur" spricht.

[157] Diesen weiteren Zusammenhang hat zweifellos der Richter *Alvarez* in seiner *dissenting opinion* zum Rechtsgutachten des IG betr. *International Status of South-West Africa*, ICJ-Reports 1950, auf 178, im Auge, wenn er sagt: "An isolated text may seem clear, but it may cease to be so when it is considered in relations to other texts on the same question ..."

der „gewöhnlichen" eine „besondere", also von der „gewöhnlichen" abweichende Bedeutung zu unterlegen ist[158].

3. Die Pflicht zur bona fides

Wenngleich die Verpflichtung zu einem Vorgehen nach Treu und Glauben bei der Vertragsauslegung in der Literatur allgemein anerkannt ist[159], finden sich in der internationalen Spruchpraxis kaum Bezugnahmen auf diesen Grundsatz[160]. Dies ist wohl in dem Umstand begründet, daß es sich für internationale Instanzen von selbst versteht, daß sie ihre Aufgabe, einen Vertrag auszulegen, bona fide erfüllen, ja daß dies so selbstverständlich ist[160a], daß diese Instanzen als ihrer Würde und Glaubhaftigkeit eher abträglich ansehen würden, sich ausdrücklich auf ihre eigene bona fides zu berufen[161].

---

[158] Diese von der „gewöhnlichen" abweichende Bedeutung kann sich aus der Natur der Sache, die im Vertrag eine Regelung erfahren soll, ergeben. Vgl. ibid.: "It may also happen that a text contains expressions of a clearly defined legal scope, but that, by reason of the nature of the institution, these expressions appear to have been taken in a different sense."

[159] Vgl. statt vieler Lord McNair, Law of Treaties (1961), 465: "[I]t would be a breach of this [over-riding obligation of mutual good faith] for a party to make use of an ambiguity in order to put forward an interpretation which it was known to the negotiators of the treaty not to be the intention of the parties."

[160] In der Staatenpraxis mag es sich dagegen gerade so verhalten, daß ein Staat umso mehr Zweifel an seiner Ehrlichkeit erregt, je lauter er sich auf seine eigene bona fides beruft. Der Beweis des Gegenteils ist jedoch fast eine probatio diabolica; aus diesem Grund hat auch Ghana auf der Wiener Vertragsrechtskonferenz die Aufnahme eines Passus vorgeschlagen, nach welchem „good faith is presumed". Der Vorschlag hat aber keine Gegenliebe gefunden und wurde verworfen.

[160a] In „Vae Victis or Woe to the Negotiators! Your Treaty or Our ‚Interpretation' of It?", 65 AJIL (1971), 358 ff., einer geistvollen Auseinandersetzung mit McDougal / Lasswell / Miller, The Interpretation of Agreements and World Public Order (1971), nimmt Sir Gerald Fitzmaurice zur im genannten Werk enthaltenen Forderung nach „examining the self ... for bias" (auf 383; Hvhbg. im Orig.) wie folgt Stellung: "Both the validity and the practical utility of such a recommendation, when addressed to persons acting in a judicial capacity, may be questioned in the context of this work, and generally; — for (1) the 'decision makers'' duty of impartiality is elementary, though fundamental, — it exists in alle circumstances and whatever the character of the dispute or point involved, — it is in no way peculiar to treaty law or interpretation as such; (2) a judge whose bias is presumable, because of some such things as a concrete (e. g. financial) interest in the subject matter of the dispute, and so on, is in any case bound to stand down, and therefore ceases to be, for that case, a 'decisionmaker', so that cadit quaestio; (3) if the judge's prejudices are of a subjective character, but are not such that he could be successfully challenged in the given case, the matter must be left to his own conscience, — but simply as part of his normal judicial duty which involves other, hardly less important obligations, such as to study the applicable law, inform himself of the precedents, etc." Auf 358 f., Anm. 2 — Zur Frage objektiver Kriterien für die Wahl der Auslegung vgl. Wenger, Die öffentliche Unternehmung (1969), 232 ff.

4. Billigkeit und Vertragsauslegung

Die relative Fremdheit der englischen *equity* als eines neben dem *common law* stehenden Rechtssystems[162] für alle aus der kontinentalen Rechtstradition kommenden Juristen einerseits und die unwillkürliche Neigung der in der angelsächsischen Rechtsschule ausgebildeten Juristen, Überlegungen der Billigkeit als eben Überlegungen eines dem strengen Recht gegenüberstehenden Rechtssystems in der Anwendung dieses Rechts auszuschließen[163], andererseits haben dazu geführt, diesem Problem, einmal erkannt, eine gesteigerte Aufmerksamkeit überhaupt und eine Bedeutung auch in Zusammenhängen zu verschaffen, mit denen es wenig zu tun hat.

So ist nicht erfindlich, wieso die Frage der Billigkeit bei der Auslegung eine Rolle spielen soll, wie dies etwa *Friedmann* behauptet, noch dazu als „essential and all-pervading principle of interpretation"[164]. Soweit Vertragsauslegung Normfeststellung ist, kann sie weder billig noch unbillig sein, sondern nur richtig oder falsch[165]. Erst in der Frage, ob die vorliegenden Umstände die Anwendung der festgestellten Norm (im vollen Umfang) fordern bzw. erlauben, können — im Völkerrecht: werden[166] — Billigkeitserwägungen einfließen[167]. Dem Verfasser ist

---

[161] Dagegen finden sich derartige Hinweise in der Rechtsprechung nationaler Gerichte. In *Tucker v. Alexandroff*, 183 US 424 (1902), auf 437, wies der *Supreme Court* darauf hin, Verträge seien „in a spirit of *uberrima fides*" auszulegen. Bei *Moore*, A Digest of International Law V (1906), 249.

[162] Vgl. dazu *Plucknett*, A Concise History of the Common Law (1956), 671 ff.

[163] Es hat immerhin einer langen Begründung im *Cayuga Indians Case* bedurft, um die Beachtlichkeit von Billigkeitserwägungen im Völkerrecht *ipso iure* darzutun. (Der wesentliche Teil des Schiedsspruchs bei *Bishop*, International Law [3. Aufl. 1971], 51 ff.) Vgl. auch das Urteil des StIG im Fall *Diversion of Water from the River Meuse*, PCIJ-Publications (1937), Ser. A/B, No. 70, dem Billigkeitserwägungen in Form eines Estoppel zugrundeliegen.

[164] The Changing Structure of International Law (1964), 197 f.

[165] Bezeichnend für diesen falschen Zugang ist auch das Schreiben des US-Außenministers *Livingston* an den österreichischen Generalkonsul *Baron Lederer* vom 5. November 1832, zusammengefaßt bei *Moore*, A Digest of International Law V (1906), 251, wonach „[i]n doubtful cases that construction is to be adopted which will work the least injustice — which will put the contract on the foundation of justice and equity rather than of inequality".

[166] Die Regelung des Art. 62 WVK, betr. die *clausula rebus sic stantibus*, stellt geradezu institutionalisierte Billigkeit dar. Vgl. dazu *Köck*, „The ‚Changed Circumstances' Clause After the United Nations Conference on the Law of Treaties (1968/69)", 4 GJICL (1974), 93 ff.

[167] In der Tat vertreten jene Autoren, auf die sich *Friedmann* stützen zu können meint, ja auch nach seinen eigenen Worten nur Auffassungen, die sich dahingehend zusammenfassen lassen, „that equity is part and parcel of any modern system of administration of justice". *Loc. cit.* Nun ist es zwar richtig, daß die Auslegung zu einem jener Schritte gehört, die sich

auch kein Ausspruch einer internationalen Rechtsprechungsinstanz bekannt, der sich richtig dahin deuten ließe, im Stadium der Auslegung selbst spielten solche Erwägungen eine Rolle.

5. Specialia regunt generalia

Unter diesem Grundsatz versteht man, daß sich der Auslegende bei der Interpretation eines Textes nicht in der Auslegung allgemeiner Formulierungen, die u. U. mehrere Auslegungsversionen zulassen, frei fühlen darf, wenn im Zusammenhang verwendete Termini die Interpretation in eine bestimmte Richtung weisen[168]. Er hat vielmehr eine solche Auslegung zu wählen, die den Sinn der speziellen Termini widerspruchslos und lückenlos in die Auslegung der allgemeinen Formulierung einbindet[169].

Es scheint jedoch, daß es sich bei dieser Regel nur um eine Anwendung der allgemeinen *good faith-rule* handelt, weil Treu und Glauben eine möglichst eindeutige Bedeutungsfeststellung fordern[170].

6. Vertragsauslegung und favor contractus

In der internationalen Rechtsprechung[171] finden sich verschiedentlich Hinweise auf eine Regel, nach der ein Vertrag im Zweifel so auszulegen ist, daß seinen Bestimmungen eine möglichst umfassende Wirksamkeit zukommt[172]. Diesem *rule of effectiveness* liegt entweder der Gedanke

---

noch zur „administration of justice" zählen lassen; und es ist auch weiter richtig, daß diese „administration of justice" nach Billigkeit zu gestalten ist. Daraus folgt aber noch nicht, daß die Billigkeit in jedem einzelnen dieser Schritte, also auch bei der Auslegung, eine Rolle spielt. Die Auslegung dient der Feststellung einer Norm, wo es sich um einen Rechtstext handelt, der angewendet werden soll; diese Norm aber liegt oder liegt nicht vor, und diese Feststellung ist nicht von der billigen Auffassung des Interpreten abhängig.

[168] "Special clauses have the preference over general ..." *Moore*, A Digest of International Law V (1906), 253, *Wolsey*, International Law, § 113, zitierend.

[169] So der StIG im *Case Concerning the Payment of Various Serbian Loans*, PCIJ-Publications (1929), Ser. A, Nos. 20 und 21, auf 30: "[S]pecial words, according to elementary principles of interpretation, control the general expressions."

[170] Vgl. auch *Geofrey v. Riggs*, 133 US 258 (1890), auf 270, wonach es für die Auslegung von Verträgen so gut wie die von Gesetzen eine Regel sei, sie möglichst so auszulegen, daß alle Bestimmungen eine vernünftige Bedeutung erhalten. Bei *Moore*, A Digest of International Law V (1906), 249.

[171] Ebenso in der völkerrechtsbezüglichen nationalen Rechtsprechung. Vgl. *United States v. Payne*, 8 Fed. Rep. 883, wonach jene Auslegung zu wählen sei, die die Vertragsdurchführung am meisten begünstige. *Ibid.*

[172] Vgl. insbesondere die einstweilige Verfügung des StIG im *Genfer Zonen-Fall (Free Zones Case)*, PCIJ-Publications (1929), Ser. 4, No. 22, auf 13: "[I]n case of doubt, the clauses of a special agreement ..., if it does not involve doing violence to their terms, be construed in a manner enabling

zugrunde, daß die gemeinsame Absicht der Parteien, auch wenn es diesen nicht vollständig gelungen sei, diese Absicht in der von ihnen gewünschten Weise zum Ausdruck zu bringen, möglichst „gerettet" werden müsse — das *favor contractus*-Prinzip[173]; oder — und das kann, insoweit man hier ebenfalls auf den Willen der Parteien abstellt, als ein Unterfall des *favor contractus*-Prinzips angesehen werden — man geht von der Auffassung aus, die Parteien hätten mit ihrem Vertrag die dort angesprochene Materie möglichst umfassend regeln wollen, damit künftige Streitigkeiten vermieden werden; daher müsse man den Vertrag so auslegen, daß er auch tatsächlich alle irgendwie erreichbaren Fälle erfaßt, was auch dem allgemeinen Interesse entspreche: *interest res publica ut sit finis litium*[174].

Der Weltgerichtshof hat sich bei der Anwendung der Regel *ut res magis valeat quam pereat* aber stets von dem Grundsatz leiten lassen, daß es nicht angängig wäre, träte der Gerichtshof selbst als Rechtssetzer auf, indem er Lücken, die die Parteien in der im Vertrag gemachten Regelung — sei es aus einem Übersehen, sei es mangels Einigung unter ihnen[175] — gelassen hätten, von sich aus im Wege der „Auslegung" zu füllen suchte, indem er in Wahrheit über das von den Parteien durch den Vertrag Geregelte hinausginge[176]. Die *effectiveness-rule*

---

the clauses themselves to have appropriate effects." Vgl. weiters das Urteil des IG im *Corfu Channel Case*, ICJ-Reports 1949, 23 - 24: "It would indeed be incompatible with the generally accepted rules of interpretation to admit that a provision of this sort occurring in a special agreement should be devoid of purport or effect." Nach dem US-Außenminister *Hay* geht diese Regel schon auf *Vattel* zurück. (Bei *Moore*, A Digest of International Law V [1906], 249.) — Vgl. schließlich die *dissenting opinion* des Richters *De Visscher* in Zusammenhang mit dem Rechtsgutachten des IG betr. *International Status of South-West Africa*, ICJ-Reports 1950, 187: "It is an acknowledged rule of interpretation that treaty clauses must ... be interpreted so as to avoid as much as possible depriving one of them of practical effect for benefit of others."

[173] Vgl. nochmals den *Corfu Channel Case*, ICJ-Reports 1949, 23, wo der IG im Anschluß an die Fragen, erstens, ob Albanien für den in Rede stehenden Zwischenfall verantwortlich, und zweitens, ob es verpflichtet sei, Schadenersatz zu leisten, sagte: "If point (i) is answered in the affirmative, it follows from the establishment of responsibility that compensation is due, and it would be superfluous to add point (ii) unless the Parties had something else in mind than a mere declaration by the Court that compensation is due."

[174] "... the Security Council, in its Resolution of April 9th, 1947, undoubtedly intended that the whole dispute should be decided by the Court. If, however, the Court should limit itself to saying that there is a duty to pay compensation without what amount of compensation is due, the dispute would not be finally decided. An important part of it would remain unsettled ..." *Ibid.*

[175] "... either inadvertently or because the parties were unable to agree ..." *Lord McNair*, Law of Treaties (1961), 384.

[176] Er hat daher eine solche Lückenfüllung abgelehnt; vgl. das Rechtsgutachten des IG betr. *Interpretation of Peace Treaties with Bulgaria,*

müsse vielmehr zu einer Auslegung führen, die im Vertragstext selbst noch eine Grundlage finde[177], ja von ihm gefordert sei, wolle man nicht einen Teil des Vertrags wirkungslos machen[178]. Es stellt sich also hier (wie bei der anschließend behandelten Frage weiter oder enger Auslegung) überhaupt nicht das Problem einer vom Auslegenden von außen an den Vertrag heranzubringenden Entscheidung; diese ergibt sich vielmehr aus der im Vertrag getroffenen Regelung selbst:

> "The principle *ut res magis valeat quam pereat* does not mean that the maximum of effectiveness should be given to an instrument purporting to create an international obligation; it means that the maximum of effectiveness should be given to it consistently with the intention — the common intention — of the parties[179]."

7. Weite und enge Auslegung[180]

Die Frage nach der Zulässigkeit „weiter" oder der Gebotenheit „enger" Auslegung ist im allgemeinen mit Überlegungen verbunden, die eine der vorbesprochenen Regel *ut res magis valeat quam pereat* entgegengesetzte Tendenz aufweisen. Zielt diese letztere behauptetermaßen darauf ab, den Bestimmungen des Vertrags eine möglichst umfassende Wirksamkeit zu geben[181], so geht der Streit um „weite" oder „enge" Auslegung im wesentlichen um die Frage, ob man internationale Verträge überhaupt „weit" auslegen dürfe[182] oder ob die staatliche Sou-

---

Hungary and Romania (2. Phase), ICJ-Reports 1950, 221: "The principle of interpretation, expressed in the maxim, *ut res magis valeat quam pereat*, often referred to as a rule of effectiveness, cannot justify the Court in attributing to the provisions [of the treaties in question; Anm. d. Verf.] a meaning which, as stated above, would be contrary to their letter and spirit."

[177] "... the interpretation adopted by the tribunal was an application, not an extension, of the natural meaning of the terms." *Sir Humphrey Waldock* in seinem Dritten Bericht an die ILC, YBILC 1964 II, auf 60.

[178] So hat der StIG in seinem Rechtsgutachten betr. *Acquisition of Polish Nationality*, PCIJ-Publications (1932), No. 7, auf 16 f., darauf hingewiesen, daß eine Außerachtlassung der *ut res magis valeat quam pereat*-Regel „would ... greatly diminish ... the value and sphere of application of the Treaty ...".

[179] *Lauterpacht*, The Development of International Law by the International Court (1958), 229.

[180] Dazu vgl. ausführlich *Hackworth*, Digest of International Law V (1943), 255 ff.

[181] Für eine zusammenfassende Darstellung der internationalen Spruchpraxis auf diesem Gebiet vgl. *Degan*, L'interprétation des accords en droit international (1963), 103 ff.; *De Visscher*, Problèmes d'interprétation judiciaire en droit international public (1963), 84 ff.; auch *Rousseau*, Principes généraux du droit international public (1944), 680 ff. Vgl. weiters *Hackworth*, Digest of International Law (1943), 224 f.

[182] Vgl. das Restatement of the Law, Second, Foreign Relations Law of the United States (1965), 452: "Statements are encountered in treaties, international adjudications, and decisions of national courts (including those of

veränität es erheische, von einem Staat übernommene Verpflichtungen im Zweifel nach dem Grundsatz *odiosa sunt restringenda*[183] möglichst restriktiv zu interpretieren[184], also einen *favor libertatis* in bezug auf die staatliche Bindung anzunehmen[185]. In letzterem Fall

„... an important limitation of the exercise of the sovereign rights ... constitutes a sufficient reason for the restrictive interpretation, in case of doubt, of the clause which produces such a limitation ...[186]"

Die internationale Praxis scheint aber auch hier nicht mehr und nicht weniger zu tun, als sich auf die Regelung im Vertrag selbst zu stützen[187] und Verpflichtungen, die ein Staat übernommen hat, als durchaus mögliche und freigewählte Selbstbeschränkungen seiner Souveränität zu betrachten[188]. Weil sich der Auslegende demnach ohne-

---

the United States) that international agreements should be interpreted liberally in the light of their objectives." Vgl. dazu *Geofrey v. Riggs*, 133 US 258 (1890), 271: "It is a general principle of construction with respect to treaties that they shall be liberally construed, so as to carry out the apparent intention of the parties to secure equality and reciprocity between them ... where a treaty admits of two constructions, one restrictive of rights that may be claimed under it and the other favorable to them, the latter is to be preferred." Mit Berufung auf *Hauenstein v. Lynham*, 100 US 483, auf 487. (Bei *Moore*, A Digest of International Law V [1906], 251.)

[183] Vgl. das Schreiben des US-Außenministers *Livingston* an den österreichischen Generalkonsul *Baron Lederer* vom 5. November 1832, zusammengefaßt bei *Moore, ibid.*, 251: "... in case of doubt, the inconveniences which would result from a particular construction may be used as an argument to show that that construction can not be conformable to the intent of the parties."

[184] "Other statements support 'strict construction' for certain types of treaties, such as those ceding sovereignty ..." Restatement of the Law, Second, Foreign Relations Law of the United States (1965), 452.
Von besonderem Interesse wird die Frage dort, wo das fundamentale Rechtsschutzinteresse des Individuums dem Anspruch des Staates nach möglichster Ungebundenheit gegenübersteht: beim Konflikt der menschlichen Grund- und Freiheitsrechte mit der Staatsmacht. Dazu vgl. *Morrison*, „Restrictive Interpretation of Sovereignty-Limiting Treaties. The Practice of the European Human Rights System", 19 ICLQ (1970), 361 ff.

[185] Andererseits wurde in *Goetze v. United States*, 103 Fed. Rep. 72 (1900), festgestellt, ein Vertrag sei nicht bloß objektives Recht (*law*), sondern auch ein *contract* zwischen den Vertragsparteien, und müsse dieses seines Charakters wegen so ausgelegt werden, daß er in allen seinen Teilen wirksam werde. (Bei *Moore*, A Digest of International Law V [1906], 249.)

[186] Vgl. auch die bei *Guggenheim*, Répertoire suisse de droit international public I (1975), 192 ff., angegebenen Beispiele. So der StIG im *Wimbledon-Case*, PCIJ-Publications (1923), Ser. A, No. 1, auf 24.

[187] "... parties to a treaty are to be considered as bound only within the limits of what can be clearly and unequivocally found in the provisions agreed to ..." Schiedsspruch in den Fällen *Kronprins Gustaf Adolf* und *Pacific*, 26 AJIL (1932), 846. Vgl. auch, wie der StIG im *Wimbledon-Case* fortfährt: "... the Court feels obliged to stop at a point where the so-called restrictive interpretation would be contrary to the plain terms of the article and would destroy what has been clearly granted." PCIJ-Publications (1923), Ser. A, No. 1, auf 25.

dies an die von den Parteien getroffene Regelung halten muß, ist die Debatte über „*liberal*" oder „*strict*" *construction* als nutzlos anzusehen und ist auch so bezeichnet worden[188].

8. Ein punitiver Aspekt der Auslegung?

Als letzten Punkt wollen wir in diesem Zusammenhang jenen betrachten, wo offenbar ein punitives Element in die Auslegung einzufließen scheint.

Der Kommentar zum *Harvard-Draft* von 1935 weist darauf hin[190], daß der StIG im *Brasilianischen Anleihen-Fall*[191] die Auffassung vertreten hat, daß unklare oder zweideutige Bestimmungen zu Lasten dessen[192] auszulegen seien, der sich ihrer bedient habe[193].

Es kann hier — wo wir von der Auslegung handeln — dahingestellt bleiben, ob und inwieweit eine solche Regel, die eine Schutzbestimmung zugunsten der übrigen Vertragsparteien darstellt, indem sie den absichtlich oder fahrlässig (also entweder *contra bonam fidem* oder unter Außerachtlassung der gehörigen Sorgfalt) eine unklare Bestimmung veranlaßt Habenden durch die angedrohte Sanktion zu einem sorgfältigeren Vorgehen unter strikter Beobachtung des Grundsatzes von Treu und Glauben anhalten will, sinnvoll und gerechtfertigt ist[194]. Keinesfalls aber handelt es sich dabei um eine Interpretationsregel im

---

[188] "[The] very existence [of treaty provisions] is a manifestation of the sovereign will of the Powers which had deemed it convenient to stipulate the said provisions and to accept them as governing their mutual relations ... these provisions, produced by the sovereign will, cannot be considered as incompatible therewith ..." *Kronprins Gustaf Adolf* und *Pacific*, 26 AJIL (1932), 846.

[189] "This distinction is not useful in the process of interpretation ...", Restatement of the Law, Second, Foreign Relations Law of the United States (1965), 452.

[190] Law of Treaties, 29 AJIL (1935 Suppl.), 942.

[191] *Case Concerning the Payment in Gold of the Brazilian Federal Loans Issued in France*, PCIJ-Publications (1925), Ser. A, No. 21, auf 114.

[192] "... there is a familiar rule for the construction of instruments that, where they are found to be ambiguous, they should be taken *contra proferentem*." Ibid.

[193] So vertrat das Gemischte Rumänisch-Deutsche Schiedsgericht 1926 im Fall *Weitzenhoffer v. Germany*, daß die Bestimmung von Art. 297 lit. e des Friedensvertrags von Versailles im Zweifel zum Nachteil der Alliierten, die den Vertrag entworfen hätten, auszulegen sei. ADPILC 1925-26, Case No. 278, auf 367. (Bei *Hackworth*, Digest of International Law V [1943], 243.) Vgl. auch das von *Guggenheim*, Répertoire suisse I (1975), 194 f. gegebene Beispiel.

[194] Hingegen ist nach *Wharton*, International Law Digest, § 133, II, 36, in einem solchen Fall, d. h., „[i]f two meanings are admissible, that ... to be preferred which the party proposing the clause knew at the time to be that which was held by the party accepting it". (Bei *Moore*, A Digest of International Law V [1906], 252.)

strengen Sinn des Wortes, weil die Auslegung mit der Feststellung, daß der Text unklar oder zweideutig bleibt, bereits abgeschlossen ist, und erst nach Abschluß dieses Interpretationsvorganges zur Beantwortung der Frage geschritten werden kann, wie auf der Grundlage einer solchen unklaren oder mehrdeutigen Bestimmung weiter verfahren, insbesondere, ob ihr jene Bedeutung unterlegt[195] werden soll, die für die am Zustandekommen der betreffenden Formulierung schuldlose(n) Partei(en) im Zweifel die günstigere ist.

VI. Zusammenfassung

Wenn wir nunmehr die Ergebnisse des Ersten Teils zusammenfassen[196], so hat eine Untersuchung der Lehre und der zugänglichen internationalen Praxis ergeben, daß zwar Interpretationsfragen eine nicht unbedeutende Rolle in Zusammenhang mit völkerrechtlichen Verträgen spielen, die Ergebnisse der Beschäftigung mit diesen Fragen aber eher dürftig bleiben, wobei vorderhand dahingestellt sein kann, ob dies in der Natur der Sache begründet liegt oder auf eine bewußte

---

[195] Es handelt sich hier also um die Unterlegung eines Sinnes, nicht um seine Ermittlung durch Auslegung.

[196] An weiteren Auslegungsmaximen, die in Zusammenhang mit der Interpretation völkerrechtlicher Verträge hie und da besprochen werden, sind zu nennen:
(a) *cy-pres*. "The rule of *cy-pres* is a rule for the construction of instruments in equity, by which the intention of the parties is carried out *as near as may be*, when it would be impossible or illegal to give it literal effect." *Black*, Law Dictionary (4. Aufl. 1968), 464. Im Fall *The Amiable Isabella* wurde jedoch festgestellt (wie zusammengefaßt bei *Moore*, A Digest of International Law V [1906], 251): "The doctrine of a performance cy pres, so just and appropriate in the civil concerns of private persons, belongs not to the solemn compacts of nations, so far as judicial tribunals are called upon to interpret or enforce them."
(b) Im Zweifel bestimmt sich der Umfang einer Erlaubnis nach den von einem korrespondierenden Verbot gezogenen Grenzen: "... for the most part, prohibitory [clauses have the preference] over permissive." *Ibid.*, 253, *Woolsey*, International Law, § 113, zitierend.
(c) *Expressio unius est exclusio alterius*. Diese Maxime wurde im *Lusitania-Fall* (1923) als „a rule of both law and logic and applicable to the construction of treaties as well as municipal statutes and contracts" bezeichnet. Bei *Hackworth*, Digest of International Law V (1943), 232. Vgl. auch den *Abu Dhabi Oil-Case*, ILR (1951), 144 ff.; bei *Fischer*, Die internationale Konzession (1974), 385.
(d) Nach *ibid.*, 233, *McNair*, Law of Treaties (1938), 207, zitierend, besteht im innerstaatlichen anglo-amerikanischen Recht „a rule of interpretation known as the *eiusdem generis* rule, which is sometimes used, when general words follow special words, to restrict the former within a narrower *genus* than they might, if standing alone, indicate. This rule cannot be described as a canon of construction, and there is no presumption in favour of its application." — Vgl. jedoch oben, IV, B, 5.
Eine ausführliche Liste von Interpretationsmaximen bei *Ehrlich*, „L'interprétation des traités", 24 RdC (1928), 5 ff.

Vorsicht der zur Auslegung berufenen internationalen Instanzen zurückzuführen ist, die ihrerseits wiederum ihren Grund im Bewußtsein von der eigentümlichen Natur der Auslegungsfrage hat[197].

Insoweit gilt immer noch, was der Kommentar zum *Harvard-Draft* bereits 1935 mit Rücksicht auf den StIG formuliert hat:

"It should be noted ... that the Permanent Court has formulated relatively few rules of interpretation, and that it has usually stated them with such qualifications as to leave itself completely free to apply them or not accordingly as the circumstances and evidence in a particular case may require[198]."

Wenngleich es sich also inhaltlich um ein eher dürftiges Ergebnis handelt, liefern Praxis und Lehre aus der Zeit vor der WVK 1969 doch nicht nur einen reichen Diskussionsstoff zum Problem „Auslegung völkerrechtlicher Verträge", sondern lassen auch einzelne Grundzüge erkennen, die diese Diskussion kennzeichnen.

Bevor wir nun darangehen, die im Rahmen der WVK 1969 getroffene Regelung, die sich ja zwangsläufig in vielen Punkten als Resultat dieser Diskussion ergeben mußte, darzustellen, scheint es uns wichtig, grundsätzliche Überlegungen zum Auslegungsproblem anzustellen. Dies nicht nur, weil solche ganz allgemein eine Bereicherung der Interpretationsdiskussion in der Jurisprudenz darstellen mögen, sondern vor allem, um zu zeigen, wie sehr die Regelung der WVK traditionellen Gedankengängen verhaftet und wie wenig sie damit geeignet ist, aus der Sackgasse herauszuführen, in die die völkerrechtliche Interpretationslehre, wie die juristische Auslegungslehre überhaupt, geraten ist.

---

[197] Als ein Zeuge aus dem Kreis der Doktrin aus der Zeit vor der Inangriffnahme der Vorbereitung der Vertragsrechtskodifikation durch die ILC sei hier deren erster diesbezüglicher Rapporteur, *Brierly*, Law of Nations (2. Aufl. 1936), 199, zitiert: "There are no technical rules in international law for the interpretation of treaties; its objective can only be to give effect to the intention of the parties as fully and fairly as possible." Bei *Hackworth*, Digest of International Law V (1943), 223.
[198] Law of Treaties, 29 AJIL (1935 Suppl.), 943.

Zweiter Teil

Die Auslegung von Rechtstexten überhaupt

I. Das Interpretationsproblem als Scheinproblem

Nur wenige Fragen kehren in der juristischen Literatur, die Grundlegendes behandeln will, mit solcher Regelmäßigkeit wieder wie jene, die sich auf das Problem der Auslegung — oder vielmehr auf das, was immer man darunter versteht — beziehen. Daß die Juristen für diese Fragen Interesse geschöpft haben, ist damit offensichtlich; werden sie doch nicht nur in juristischen Methodenlehren[1] dargestellt oder in Einführungen zu den verschiedensten Rechtsgebieten besprochen[2], sondern selbst vom Gesetzgeber nicht selten durch das Erlassen darauf bezüglicher Normen geregelt[3]. Unter diesen Umständen muß es bemerkens-

---

[1] Aus der Fülle einschlägiger Literatur sei hier lediglich auf die folgenden Werke verwiesen: *Betti*, Allgemeine Auslegungslehre als Methodik der Geisteswissenschaften (1967); *Bierling*, Juristische Prinzipienlehre IV (1911), 197 ff.; 90 ff.; *Coing*, Juristische Methodenlehre (1972), 25 ff.; *ders.*, Die juristische Auslegungsmethoden und die Lehren der allgemeinen Hermeneutik (1959); *Engisch*, Einführung in das juristische Denken (5. Aufl. 1971), und *passim;* *Esser*, Vorverständnis und Methodenwahl in der Rechtsfindung (1972), 116 ff.; *Gadamer*, Wahrheit und Methode (2. Aufl. 1965), *passim; Germann*, Methodische Grundfragen (1946), 11 ff. und *passim; Heck*, Gesetzesauslegung und Interessenjurisprudenz (1914); *Klug*, Juristische Logik (3. Aufl. 1966), 139 ff.; *Larenz*, Methodenlehre der Rechtswissenschaft (3. Aufl. 1975), 181 ff., 298 ff. und *passim; Paton*, A Text-Book of Jurisprudence (1961), 213 ff., 216 ff. (der hinsichtlich der Auslegung zwischen „English and continental methods of approach" unterscheidet) (*ibid.*, 220 und *passim); von Savigny*, Juristische Methodenlehre (hrsg. von *Wesenberg* 1951), 18 ff.; *Somló*, Juristische Grundlehre (1917), 371 ff.; *Zippelius*, Einführung in die juristische Methodenlehre (1971), 50 ff.

[2] Wo die positive Rechtsordnung Auslegungsbestimmungen enthält, ist dies selbstverständlich und notwendig.
Vgl. dazu für das *Zivilrecht* etwa: *Enneccerus / Nipperdey*, Allgemeiner Teil des Bürgerlichen Rechts (14. Aufl.), 1. Halbband (1952), 197 ff.; *Koziol / Welser*, Grundriß des bürgerlichen Rechts I (3. Aufl. 1973), 17 ff.; für das *Strafrecht: Rittler*, Lehrbuch des österreichischen Strafrechts I (2. Aufl. 1954), 31 ff.; für das *öffentliche Recht:* grundlegend dazu *Schäffer*, Verfassungsinterpretation in Österreich (1971), mit reicher Literaturangabe für den deutschsprachigen Raum; *Wimmer*, Materiales Verfassungsverständnis (1971); ebenso *Walter*, Österreichisches Bundesverfassungsrecht (1972), 80 ff.; für den Rechtsbereich der Bundesrepublik Deutschland bes. *Ehmke*, „Prinzipien der Verfassungsinterpretation", 20 VVdDStRL (1963), 53 ff.; und *Schneider*, „Prinzipien der Verfassungsinterpretation", *ibid.*, 1 ff.; für das *kanonische Recht: Mörsdorf*, Lehrbuch des Kirchenrechts I (11. Aufl. 1964), 105 ff.

wert erscheinen, daß die Ergebnisse, die man auf diese verschiedenen Weisen (sei es in wissenschaftlicher Arbeit, sei es durch Normierung) erhalten hat, durchaus (materiell — d. h. nach Art und Inhalt der Regel: „welche?" — und formell — d. h. nach der anzuwendenden Reihenfolge: „wann?" —) unbestimmt und damit unbefriedigend bleiben, was in der Literatur auch zugegeben wird[4].

Diese juristische Unergiebigkeit ist aber nicht verwunderlich: handelt es sich doch bei dem mit dem Terminus „Auslegung" bezeichneten Problem erstens um gar kein spezifisch juristisches[5] und zweitens überhaupt um ein Scheinproblem.

II. Verstehen und Auslegen

Mit dem Terminus „Auslegung" wird in der Tat alles Mögliche bezeichnet. Gehen wir von einem vorgegebenen Text aus. Jene Person, die sich nun dem Text zum Zwecke des Verstehens nähert, werden wir den „Verstehenwollenden" nennen, in Abgrenzung zu jenem, der an den Text schon mit der Absicht herangeht, ihn — soweit dies bei einem Text (wie z. B. einem Rechtstext) möglich ist — anzuwenden[6], aber auch

---

[3] Und zwar für die Gesetzesauslegung und/oder die Auslegung von Rechtsgeschäften. So im ABGB die §§ 6 und 914 f.; im BGB die §§ 133 und 157; im Code civil die Artikel 1156 ff.; im Codice civile die Artikel 12 und 1362 ff.; im Código civil die Artikel 675 und 1281. Vgl. dazu *Wolff*, „Vorbemerkungen zu §§ 6 und 8", Kommentar zum Allgemeinen bürgerlichen Gesetzbuch I/1 (hrsg. von *Klang / Gschnitzer*, 2. Aufl. 1964), 85 ff.; *Gschnitzer* in *ibid.*, IV/1 (2. Aufl. 1968), 399 ff.; weiters BGB-RGRK I/1 (11. Aufl. 1959), 504 ff., 532 ff.; *Erman* (Hrsg.), Handkommentar zum BGB I (4. Aufl. 1967), 158 ff., 250 ff.; *Soergel / Siebert*, Bürgerliches Gesetzbuch. Mit Einführungsgesetz und Nebengesetzen I (10. Aufl. 1967), 536 ff. und 718 ff.; *Heinsheimer / Schwartz / Wolff / Illich / Kaden / Merk / Gutzwiller*, Code civil (Die Zivilgesetze der Gegenwart. Sammlung europäischer und außereuropäischer Privatrechtsquellen I [1932]), 359 f.; *Planiol / Ripert*, Traité élémentaire de Droit civil I (4. Aufl. 1948), 55, 63 ff., 67 ff.; II (2. Aufl. 1947), 162 ff.; *Barbero*, Sistema Istituzionale del Diritto Privato Italiano I (4. Aufl. 1955), 82 ff.; *Barassi*, Istituzioni di Diritto Civile (4. Aufl. 1955), 21 ff., 470 ff. und *passim*; *Liguori / Distaso / Santosuosso*, „Disposizioni sulla legge in generale", Commentario del Codice civile I/1 (1966), 42 ff.; *Mirabelli*, „Dei contratti in generale", *ibid.*, IV/2 (2. Aufl. 1967), 229 ff.; auch *Distaso*, I contratti in generale II (1966), 816 ff.; *Borell y Soler*, Derecho civil vigente en Cataluña I (2. Aufl. 1944), 57 ff.; *Castan Tobeñas*, Derecho civil español, común y foral (9. Aufl. 1957), 357 ff. In den Anm. 2 und 3 sind rein exemplifikativ und erheben keinerlei Anspruch auf Vollständigkeit, welche — eben wegen der in ihrer Beispielhaftigkeit ausreichenden Aufzählung — für das Argument auch nichts weiteres beitragen würde. Es dürfte übrigens ohnedies unbestritten sein.)

[4] Vgl. *Larenz*, Methodenlehre (3. Aufl. 1975), 334 f.

[5] Sondern um ein allgemein-hermeneutisches. So sagt *Gadamer*, daß das Verstehen von Texten „ursprünglich und vor allem" die Aufgabe der Hermeneutik sei. Wahrheit und Methode (2. Aufl. 1965), 369.

[6] Das „Auslegung" und „Anwendung" nicht dasselbe meinen, ist weithin anerkannt; vgl. *Larenz*, Methodenlehre (3. Aufl. 1975), 189 ff.; *Zippelius*,

2. Teil: Die Auslegung von Rechtstexten überhaupt

in Abgrenzung zum „Auslegenden", um nicht sofort Hören oder Lesen eines Textes zum Zwecke des Verstehens mit Auslegung gleichzusetzen und diesen Begriff damit von vornherein in einem bestimmten Sinn zu determinieren[7].

III. Der Weg zum Verstehen

Konfrontiert sich der Verstehenwollende mit dem Text, so gibt es nun zwei Möglichkeiten: er findet ihn entweder klar[8], oder er findet ihn unklar.

A. „Klare" Texte

Ersterem können wiederum zwei verschiedene Situationen zugrundeliegen. Entweder — und dies ist der bei weitem wahrscheinlichere Fall — der Text ist objektiv[9] klar und dem Verstehenwollenden auch kommen —, er ist objektiv unklar, und die Verständigungsdisposition des Verstehenwollenden ist gerade so mangelhaft, daß sich der objektive und der subjektive Mangel aufheben, sodaß dem Unverständigen ein unverständlicher Text verständlich erscheint. Unter diesen Umständen läge objektiv eine der drei Möglichkeiten „unklaren" Textes vor, ohne daß dies dem Verstehenwollenden allerdings bewußt würde.

Einführung (1971), 98 ff.; *Gadamer* hiegegen setzt beides offenbar jedenfalls insoferne gleich, als er schreibt: „Die Aufgabe des Auslegens ist die *Konkretisierung des Gesetzes* im jeweiligen Fall, also die Aufgabe der Applikation." Wahrheit und Methode (2. Aufl. 1965), 312. (Hvhbg. im Original.) Bei *Gadamer* ist Auslegung also zielgerichtet; Auslegung ohne konkreten Fall nicht in den Begriff eingeschlossen. Damit ist Auslegung aber kein „Schlüssel zum Verstehen"; vielmehr setzt für *Gadamer* Auslegen immer schon Verstehen voraus, allerdings mit der Einschränkung, daß Anwendung für ihn ein allem „Verstehen" innewohnendes Moment ist, wodurch die Auslegung dialektisch in den Verstehensprozeß gekoppelt wird. Vgl. *ibid.*, 291. „Interpretation is the elucidation of any term of a treaty when the meaning is obscure or ambiguous ... When the meaning is clear, the question is one of application, not of interpretation." *Pratap,* „Interpretation of Treaties", Essays on the Law of Treaties (hrsg. von *Agrawala*, 1972), 55 und Anm. 1.

[7] Vgl. *Larenz*, Methodenlehre (3. Aufl. 1975), 181: „Das Verstehen sprachlicher Äußerungen geschieht ... entweder unreflektiert, durch das unmittelbare Innewerden des Sinnes der Äußerung, oder in reflektierter Weise, durch Auslegen." Vgl. auch *ibid.*, 189: „[Wenn] die anzuwendende Norm schon vorher in sich so bestimmt [ist], daß ihr genauer Inhalt außer Frage st[eht], ... so bed[arf] es keiner Auslegung." Auch *Gadamer*, für den „Auslegung ... nicht ein zum Verstehen nachträglich und gelegentlich hinzukommender Akt, sondern Verstehen ... immer Auslegung [ist]", unterscheidet doch insoweit, als er Auslegung „die explizite Form des Verstehens" nennt. Wahrheit und Methode (2. Aufl. 1965), 291.

[8] „... es gibt ... Geschriebenes, das sich sozusagen von selber liest." *Ibid.*, 371.

[9] Unter „objektiv" verstehen wir in diesem Zusammenhang die Position des für das Verstehen von Texten dieser Art ausreichend Befähigten.

III. Der Weg zum Verstehen

B. „Unklare" Texte

Wenden wir uns gleich dieser Gruppe von Möglichkeiten „unklaren" Textes zu. Erscheint ein Text unklar, so kann es sich um eine objektive *und* subjektive, oder bloß *subjektive* oder bloß *objektive* Unklarheit handeln. Es liegt also entweder ein *Formulierungsmangel* vor: der Text subjektiv klar geworden. Oder aber — und dies ist ein möglicher, aber sehr unwahrscheinlicher Fall, auf den wir im übrigen noch zurück- ist objektiv unklar, was der Verstehenwollende auch erkennt[10]; oder es liegt ein *Verstehensmangel* vor: der Text ist zwar objektiv klar, bleibt dem Verstehenwollenden aber subjektiv unklar; oder, drittens, der Text ist objektiv und subjektiv unklar: es liegt also sowohl ein *Formulierungs-* wie ein *Verstehensmangel* vor.

C. Verschiedene „Stationen" auf dem Weg zum Verstehen

Wir wollen die einzelnen genannten Situationen, die auch — wenngleich nicht alle notwendige — „Stationen" auf dem Weg zum Verstehen sind, mit einer Ziffer belegen, um sie im folgenden kürzer bezeichnen zu können. Die Situation der Entscheidung, ob ein Text klar oder unklar sei, bezeichnen wir mit (1); die Feststellung, daß ein Text klar sei, mit (2); die objektive Unklarheit mit (3); die subjektive Unklarheit mit (4); und jene Situation, wo objektive und subjektive Unklarheit zusammenfallen, mit (5), wobei wir hier den Formulierungsmangel mit (5 a), den Verstehensmangel aber mit (5 b) bezeichnen.

Bei den meisten Punkten erhebt sich sofort eine Reihe von Fragen. So z. B. zu (1), ob die Entscheidung, daß ein Text klar, daß er unklar ist, bereits „Auslegung" darstellt. Dann die Frage, wer zur Feststellung in der Lage ist, hier liege ein klarer oder unklarer Text vor. Zu Punkt (2) erhebt sich die Frage, was der Grund dafür sei, daß ein Text objektiv und subjektiv klar ist. Zu Punkt (3): Ob auch die Feststellung der Unklarheit — also die Aussage: „Dieser Text gibt keinen Sinn" — „Auslegung" darstellt. Dann: Wer dies feststellen könne. Und: Auf Grund welcher Kriterien eine Abgrenzung *dieser* Situation von jener unter (4) vorzunehmen sei. Unter Punkt (4) erhebt sich die Frage, was eine subjektive Unklarheit, also ein Verstehensmangel, eigentlich bedeutet. Dann: Wer dies feststelle; und auf Grund welcher Kriterien. Unter Punkt (5) schließlich stellen sich die schon zu den Punkten (3) und (4) aufgeworfenen Fragen, insbesondere: Wer zur Feststellung der objektiven und subjektiven Unklarheit befähigt sei, und ob dies gleichzeitig oder etwa nur nacheinander geschehen könne.

---

[10] Zum Unterfall des Nichterkennens dieses Umstandes vgl. im Vorstehenden.

D. Zur Definition der Auslegung

Gehen wir auf die Fragen zu Punkt (1) ein. Ob die Feststellung, daß ein Text klar bzw. unklar ist, schon selbst „Auslegung" darstellt, ist eine *Definitionsfrage*. Im weiteren Sinn ist jedes verstehende Hören oder Lesen eines Textes Auslegung[11]. Im engeren Sinn liegt Auslegung jedoch nur dann vor, wenn *prima facie* der Text oder Teile desselben unverständlich sind, so daß man sich um ihr Verstehen (irgendwie; aber anders als durch bloßes Repetieren des Textes) bemühen muß[12]. Auslegung im engeren Sinn liegt also dann vor, wenn der Text nicht unmittelbar „durch sich selbst" spricht[13]. Ob er dies tut, ist eine Frage positiven Verstehens (ja oder nein)[14] und daher nicht, wie oft behauptet wird, selbst eine Auslegungsfrage[15]. Insoweit ist auch die Überprüfung, ob man einen Text „wirklich" verstanden hat (ihn also nicht bloß fälschlich für klar hält), kein Auslegungsvorgang. Das „Problematisieren" eines bereits verstandenen Texts ist dann — entgegen der von *Larenz* gewählten Position[16] — keine Interpretation.

In diesem Punkt ist aber die terminologische Freiheit noch gewahrt. Hier wird der Begriff der Auslegung ja erst definiert. Dabei ist jedermann frei; er muß nur klarmachen, welche Bedeutung er gewählt, d. h., welchen Begriffsinhalt er dem Begriff der Auslegung gegeben hat.

---

[11] So sinngemäß *Gadamer*, Wahrheit und Methode (2. Aufl. 1965), 366 und *passim*.

[12] Eine mittlere Position zwischen *Gadamers* und der von uns vertretenen Meinung nimmt *Larenz* ein, wenn er zwar nicht *jedes* Verstehen, aber bereits jedes *problematisierte* Verstehen, also auch eines unmittelbar klaren Textes, als „Auslegung" bezeichnet: „Es wäre also ein Irrtum anzunehmen, Rechtstexte bedürften nur dort der Auslegung, wo sie besonders ‚dunkel', ‚unklar' oder ‚widersprüchlich' erscheinen; vielmehr sind grundsätzlich *alle* Rechtstexte der Auslegung sowohl fähig wie bedürftig." Methodenlehre (3. Aufl. 1975), 182, mit Berufung auf *Mayer-Maly*, Salzburger Studien zur Philosophie IX, 127.

[13] Hinsichtlich der Auslegung völkerrechtlicher Texte in diesem Sinn am klarsten *Guggenheim*, Traité de Droit international public I (1963), 132 f.: „En effet, si l'organe, après examen approfondi du traité, est en mesure de l'appliquer en le prenant dans son sens ordinaire et sans arriver pour autant à un résultat absurde, il devra faire abstraction de toute interprétation … Il faut donc présumer que le ‚sens clair' des traités exprime prima facie l'intention des parties." Dazu vgl. auch *Favre*, „Interprétation objectiviste des traités internationaux", 17 Schweizerisches Jahrbuch für Internationales Recht (1960), 75 ff.

[14] Vgl. *Vattel*, Droit des gens II, Chap. XVII, § 263: „Quand un Acte est conçû en termes clairs & précis, quand le sens en est manifeste & ne conduit à rien d'absurde; on n'a aucune raison de se refuser au sens que cet Acte présente naturellement."

[15] Nach *Larenz*, Methodenlehre (3. Aufl. 1975), 181, wäre dagegen diese Frage zu bejahen; ist ihm „Auslegung" doch schon die „Problematisierung" des unmittelbar innegewordenen Sinns.

[16] Vgl. die vorstehenden Anm. 12 und 15.

III. Der Weg zum Verstehen

Hruschka hat in seinem Verstehen von Rechtstexten (1972) darauf hingewiesen, daß es sich bei der „Auslegung", wie sie im juristischen Sprachgebrauch vorkommt, eigentlich um das „Verstehen" handelt. Damit sei der Begriff aber falsch angewendet, weil „Auslegung"[17] — als ein „Auseinanderlegen in der Sprache" — jedenfalls kein Erkenntnisvorgang sei[18].

> „Auf der anderen Seite hat sie natürlich durchaus etwas mit einer Erkenntnisleistung, nämlich mit dem Verstehen von Texten, zu tun, insofern sie eben eine Darstellung der im Verstehen des Textes verstandenen Sache ist. Daraus folgt, daß sie als die Außenseite dieses Erkenntnisvorganges, als seine Artikulation und Objektivation aufgefaßt werden muß. Auslegung ist also zwar nicht der Vollzug einer Erkenntnis, wohl aber ist sie ihr Ergebnis ... Die häufig anzutreffende Deutung der Auslegung als einer Technik der Sinnermittlung ... bedarf danach einer einschneidenden Korrektur[19]."

Wir pflichten *Hruschka* insoweit bei, als die etymologische Ausdeutung des Wortes „Auslegung" ihm ohne Zweifel rechtgibt. Andererseits darf aber nicht übersehen werden, daß Wörter im Laufe der Zeit eine Bedeutungswandlung durchmachen und sich so von der ihnen ursprünglich eigentümlichen Bedeutung lösen können[20]. Ist dieser Vorgang aber einmal festzustellen[21], so hat es wenig Sinn, die „unrichtige" Verwendung eines Terminus zu beklagen; irreführend kann es sein, bewußt von dieser Bedeutung abzuweichen, und zwar auch dann, wenn man dies mit der entsprechenden Erklärung umgibt, weil der Gesprächspartner zumindest psychologisch dazu neigen wird, immer wieder die „gewöhnliche" Bedeutung des Wortes im „normalen" Sprachgebrauch zu unterlegen, wodurch es in der Diskussion leicht zu Mißverständnissen kommen kann[22]. In der Tat gibt ja auch *Hruschka* zu, daß die Auslegungs-

---

[17] Während für *Hruschka* „Auslegen" als „zu Text bringen" offenbar etwas Positives ist, sagt *Gadamer*, Wahrheit und Methode (2. Aufl. 1965), 368: „Schriftlichkeit ist Selbstentfremdung."

[18] 6.

[19] Ibid., 6 - 7, womit sich *Hruschka* ausdrücklich gegen *Ecker*, „Das Recht wird in und mit der Auslegung", Juristenzeitung (1969), 477, sowie gegen *Schreiber*, Die Geltung von Rechtsnormen (1966), 156 ff., wendet. (Ibid., Anm. 8). Ebenso *Gadamer*: „[D]ie Sprache [ist] das universale Medium, in dem sich das Verstehen selber vollzieht. Die Vollzugsweise des Verstehens ist die Auslegung." Wahrheit und Methode (2. Aufl. 1965), 366.

[20] Dazu jüngst *Reiss*, „Ich, du und die Kunst, miteinander zu reden", Die Presse vom 14./15. Februar 1976.

[21] So auch *Larenz*, Methodenlehre (3. Aufl. 1975), 181, Anm. 43, der zwar zugesteht, daß „das Verständnis sich in einer Aussage [aktualisiert], doch ... nicht ein[sieht], warum nicht der ihr zugrundeliegende Erkenntnisvorgang selbst als ‚Auslegung' sollte bezeichnet werden können".

[22] Das Gleiche wie für den Terminus „Auslegung" gilt auch für den Terminus „Interpretation". Selbstverständlich hat *Hruschka* recht, wenn er darauf hinweist, daß diesem seiner ursprünglichen Bedeutung nach ein

theorien „[g]ewiß ... auch ... in einer gewissen Weise auf das Verstehen von Rechtstexten [zielen] — der inneren Notwendigkeit gehorchend, die eine jede derartige Analyse von der Außenseite auch immer zur Innendimension des Auslegungsphänomens hindrängen wird"[23]. Wenn er sich daher dann beklagt, daß „[das] Phänomen des Verstehens von Rechtstexten ... immer noch einer Erklärung [harrt]", so liegt dies nicht an einem Bedeutungswandel des Terminus „Auslegung", wie *Hruschka* hier zu insinuieren scheint, sondern lediglich daran, daß die Wissenschaft, von einem falschen Ansatz ausgehend, das Verstehensphänomen — in ihrem Sprachgebrauch also: das Auslegungsphänomen — noch nicht in den Griff bekommen hat[24]. Dies allerdings — und hier liegt die grundlegende Bedeutung des Buches von *Hruschka* — dürfte mit dessen Ausführungen über Das Verstehen von Rechtstexten (1972) grundsätzlich geschafft sein. Wir werden daher in der Folge mehrmals auf seine Ausführungen zurückgreifen.

---

deutlicher Hinweis auf eine „Zwischen"- oder „Mittler"-Funktion des Interpreten zukommt, das Wort „Interpretation" daher genau die „besondere Vermittlungsfunktion der Auslegung" trifft. Das Verstehen von Rechtstexten (1972), 8. Aber gleichzeitig ist es nun einmal so, daß heute „der Unterschied zwischen dem Sinn des Wortes ‚Auslegung' und dem des Wortes ‚Interpretation' vernachlässigt worden und schließlich in Vergessenheit geraten ist". *Ibid.* — Vereinzelt findet sich in der englischsprachigen Literatur eine Differenzierung der Auslegung in „construction" und „interpretation". "'Construction' gives the general sense of a treaty and is applied by rules of logic; 'interpretation' gives the meaning of particular terms, to be explained by local circumstances and by the idioms the framers of the treaty had in mind." *Wharton*, International Law Digest, § 133, II, 36, und die dort angegebenen Referenzen (bei *Moore*, A Digest of International Law V [1906], 252 f.). Diese Unterscheidung ist aber nicht allgemein anerkannt. Vielmehr umfaßt „interpretation" jedenfalls auch das, was oben mit „construction" bezeichnet worden ist. — *Bustamante y Sirven*, Droit international public III (1936), 469 f., unterscheidet demgegenüber zwischen *qualitativer* und *quantitativer* Interpretation; die erste soll die Erhellung eines unklaren Texts, die zweite die Feststellung im sachlichen Wirkungsbereich bezeichnen. Beides läßt sich tatsächlich aber nicht trennen.

[23] *Hruschka*, Das Verstehen von Rechtstexten (1972), 9.

[24] Dies zeigt die von *Larenz* gemachte Unterscheidung zwischen solcher Auslegung, wo mit Hilfe des Textes (!) die Sache verstanden werden soll, von der im Text die Rede ist, und solcher Auslegung, die die Meinung des Urhebers des Textes ans Licht bringen soll. Dabei ist doch diese Meinung nichts anderes als die Sicht der von ihm betrachteten Sache, sodaß es immer um die Erfassung dieser Ansicht geht. Allerdings wird nicht — wie *Larenz* meint (Methodenlehre [3. Aufl. 1975], 183) — die Sache durch den Text, sondern der Text durch die Sache („besser, genauer, umfassender") verstanden. Bei *Larenz* liegt offenbar die Auffassung zugrunde, der Text bringe seinen Sinn zum Verstehen, während es doch der Sinn ist, der einen Text verständlich macht. Die kopernikanische (Rück-)Wendung von der „psychologischen" zur „realistischen" Auffassung von der Auslegung hat *Larenz*, der in der 3. Auflage seiner Methodenlehre die traditionelle Auffassung zusammenfaßt, noch nicht durchgängig vollzogen. Zu ihr — und warum sie eine *Rück*wendung eher als die Wendung zu etwas völlig Neuem ist — vgl. *Hruschka*, Das Verstehen von Rechtstexten (1972), 50.

III. Der Weg zum Verstehen

Im Rahmen dieser unserer Untersuchung wird die engere Bedeutung des Begriffes „Auslegung" gewählt, weil der Begriff dergestalt der „Auslegung" des allgemeinen Sprachgebrauchs — als dem Verständlichmachen eines *prima facie* unverständlichen Textes — entspricht[25].

E. Objektive und subjektive Klarheit

Wenden wir uns nunmehr Punkt (2) zu. Die dort beschriebene Situation verlangt, daß der Text auch tatsächlich klar formuliert ist *und* zwischen dem Verfasser des Textes und dem Verstehenwollenden ein ungestörter Überlieferungszusammenhang besteht[26]: der Verstehenwollende wird zum Verstehenden, weil er in der (objektiv und subjektiv ungebrochenen) Tradition steht[26a]. Die Feststellung, daß es sich um einen „klaren" Text handle, trifft hier der Verstehenwollende. Diese Feststellung, daß nämlich der Text „durch sich selbst" spricht, ist — wie wir gesehen haben — noch keine Auslegung. Nicht nur für die Reflexion über das Ob[27], sondern auch für jene über das Warum dieses Umstandes gilt übrigens, ja noch mehr, daß sie nicht unter die Auslegungsschritte gerechnet werden kann; sonst würde die Auslegung auch Tatbestände methodologischer Überlegungen umfassen, die mit dem Verständlichmachen eines konkreten Textes nichts zu tun haben[28].

Verweilen wir nun noch kurz bei der Frage, ob sich ein Formulierungsmangel, also eine objektive Unklarheit des Textes, und ein Verstehensmangel, also eine subjektive Unklarheit, aufheben bzw. so er-

---

[25] Insoweit bedient sich ja auch der Gesetzgeber „der allgemeinen Sprache, weil und soweit er sich an den Bürger wendet und wünscht, von ihm verstanden zu werden". *Larenz*, Methodenlehre (3. Aufl. 1975), 307. (Mit diesem Argument ist übrigens m. E. das Urteil über den praktischen Wert aller Versuche, Rechtssätze formalisierend in eine letztlich der Mathematik entsprungenen Zeichensprache zu fassen, gesprochen.) Auch *Hruschka* anerkennt die Wichtigkeit des „Sprachgebrauchs", wenn er sagt, er gehe „einer bestimmten Gruppe von Definitionen logisch voran, g[ebe] eine Rechtfertigung für sie ab ...". Das Verstehen von Rechtstexten (1972), 31 f.

[26] So sagt *Gadamer*, „daß die im Verstehen geschehende Verschmelzung der Horizonte die eigentliche Leistung der Sprache ist". Wahrheit und Methode (2. Aufl. 1965), 359. Vgl. auch *ibid.*, 317 f. und 293 ff. Dazu *Larenz*, Methodenlehre (3. Aufl. 1975), 186. Vgl. dazu auch *Seiffert*, Einführung in die Wissenschaftstheorie II (3. Aufl. 1971), 117 ff. und *passim*. Vgl. schließlich auch *Hruschka*, Das Verstehen von Rechtstexten (1972), 46.

[26a] Vgl. *Seiffert*, Einführung in die Wissenschaftstheorie II (3. Aufl. 1971), 89 ff.

[27] Die Frage nach dem Ob der Klarheit ist immer *a posteriori* und kann den Umstand des Klarseins bzw. Unklarseins allenfalls (im Sinne von *Larenz*, oben, Anm. 12) „problematisieren"; ob der Text für den Verstehenwollenden klar ist oder nicht, ist ein dieser Frage vorgängiges (positives) Faktum.

[28] Es genügt also, daß ein Text klar ist, damit nicht mehr von „Auslegung" gesprochen werden kann.

gänzen können, daß der Text „klar" wird, d. h., zwischen dem Textverfasser und dem Verstehenwollenden ein „Einverständnis" hergestellt ist. Beispiele hierfür lassen sich zumindest konstruieren. So etwa, wenn der Textverfasser im Text ein Wort deshalb gebrauchte, weil er ihm zu Unrecht eine Bedeutung zulegt, die nach allgemeinem Sprachgebrauch nur als unrichtig bezeichnet werden könnte, der Verstehenwollende den Text aber deswegen versteht, weil auch er diesem Wort eine unrichtige Bedeutung, und zwar dieselbe wie der Textverfasser, beilegt. Dies zeigt aber, daß die Aufhebung zweier „Fehler" sich in Wahrheit auf einen intersubjektiv ungestörten Überlieferungszusammenhang gründet, Textverfasser und Verstehenwollender eine von der Allgemeinheit abweichende, aber untereinander gleiche Sprache verwenden. Damit herrscht aber in der Beziehung zwischen den beiden gar kein „doppeltes" Mißverständnis; der Textverfasser drückt vielmehr (hinsichtlich des Verstehenwollenden) das, was er zum Ausdruck bringen will, richtig (wenn auch nur intersubjektiv richtig) aus, der Verstehenwollende versteht es (wenngleich ebenfalls nur intersubjektiv) daher richtig. Insoweit handelt es sich hier um einen Unterfall des objektiv und subjektiv klaren Textes, bei dem die objektive Klarheit jedoch nur eine relative — intersubjektive — ist[29].

F. Objektive und subjektive Unklarheit

Damit kommen wir schon zu Punkt (3). Der Text spricht nicht „durch sich selbst". Diese Feststellung ist für den, der mit dem Textverfasser im ungestörten Überlieferungszusammenhang steht, keine Auslegung[30]. Ein anderer käme aber gar nicht in die Situation von (3), sondern lediglich in jene von (5). Hinsichtlich der Abgrenzung zu (4) (zur subjektiven Unklarheit) ist das Kriterium ein subjektives: der Verstehenwollende ist sich des ungestörten Überlieferungszusammenhanges zum Textverfasser bewußt[31]. Liegt dieses Bewußtsein — das als Selbstbewußtsein jener Redlichkeit entspringen muß, die der Umstand fordert, daß es zum Maß der Äußerung eines anderen wird — vor, so kann (und muß) sich der Verstehenwollende mit der relativen Gewißheit der Erkenntnis[32] zufrieden geben, daß für ihn keine Leseart denkbar

---

[29] Grundsätzlich dürften sich alle konstruierbaren einschlägigen Beispiele auf dieses einfache Schema zurückführen lassen, weil alles intersubjektive Verstehen ein „Einverständnis" voraussetzt.

[30] Und zwar aus dem in Anm. 27 gegebenem Grund.

[31] Im Bereich der Wissenschaft muß der Verstehenwollende sich also auf der Höhe dieser seiner Wissenschaft befinden.

[32] Diese relative Gewißheit der Erkenntnis wird zu einer ausreichenden, sobald auch für den Bereich der Verstehensvoraussetzungen eine zureichende Ordnung vorausgesetzt wird. Dies kann aber nur entweder hypothetisch geschehen oder metaphysisch begründet werden.

ist, die den Text statt objektiv bloß subjektiv unklar[33] erscheinen lassen würde, es für den Verstehenwollenden also keine denkbare bloß subjektive Unklarheit gibt[34].

Auch in der Situation von Punkt (4) spricht der Text, so wie unter (3), nicht „durch sich selbst", allerdings nicht objektiv, sondern bloß subjektiv, d. h., nur für den Verstehenwollenden. Der Grund hierfür liegt im gestörten Überlieferungszusammenhang zwischen dem Textverfasser und dem Verstehenwollenden. Die Feststellung trifft dieser selbst, und zwar in Abgrenzung zu (3) nach dem auch *vice versa* angewendeten Kriterium: der Verstehenwollende ist sich bewußt, daß der Überlieferungszusammenhang zum Textverfasser nicht ungebrochen ist[35]. Er kann eine denkbare bloß subjektive Unklarheit nicht von vornherein ausschließen, weil er sich bewußt ist, von der Sache, von der der Text handelt, nichts oder nicht genug zu verstehen. Die Feststellung „Der Text ist mir unklar" ist selbst keine Auslegung[36].

Damit kommen wir zu Punkt (5). Hier liegt sowohl ein Formulierungsmangel, den wir mit (5 a) bezeichnet haben, als auch ein Verstehensmangel (5 b) vor. Die Unklarheit ist somit eine objektive *und* subjektive. Zur Feststellung ist auch hier der Verstehenwollende gerufen. Sie kann jedoch nur in einem zweistufigen Prozeß erfolgen. Eine Aussage zu (5 a) kann nämlich erst dann gemacht werden, wenn der (5 b) begrün-

---

[33] Was bedeuten würde, daß der Verstehenwollende einen Riß im Überlieferungszusammenhang zum Textverfasser doch nicht völlig ausschließen kann. Freilich wechselt dann die Situation von (3) zu (4).

[34] Während der Blick auf die Sache (den Sachzusammenhang, das Phänomen; in der Folge immer nur kurz mit „Sache" bezeichnet), von der der Text handelt, ein Verstehen desselben ermöglicht und positiv als Verstehen qualifizieren läßt, die Sache selbst also objektive und subjektive Übereinstimmung demonstriert, bleibt unmittelbar die Frage nach der subjektiven Lokalisierung des Verstehensmangels offen, sobald der genannte Blick bzw. Einsicht fehlt. Die Qualifikation eines Textes als unverständlich (und damit des Textverfassers als bzgl. der im Text behandelten Sache verständnislos) ist daher nur dann gerechtfertigt, wenn der Verstehenwollende annehmen muß, daß er in Sachen dieser Art grundsätzlich ausreichende Einsicht besitzt. Dies setzt aber wiederum voraus, daß der Text sich wenigstens irgendwie einem Sachgebiet zuordnen läßt, sonst könnte bzgl. seiner überhaupt keine Aussage gemacht werden: „... daß die Auslegungen [= Darlegungen; Anm. d. Verf.] trotz aller Fehlleistungen die angezielten Phänomene doch auch immer irgendwie erreichen — ein Satz, der sogar als Voraussetzung für die Erkennbarkeit von Deutungen als Fehldeutungen bezeichnet worden ist." *Hruschka*, Das Verstehen von Rechtstexten (1972), 82.

[35] Im Bereich der Wissenschaft: der Verstehenwollende ist insoweit nicht auf ihrer Höhe, weil er sich jedenfalls mit der vom Text behandelten Sache nicht ausreichend befaßt hat. Richtig spricht daher *Seiffert*, Einführung in die Wissenschaftstheorie II (3. Aufl. 1971), 122, von „Verstehen" als „Sicheinarbeiten": „Wir haben wiederholt festgestellt, daß das hermeneutische Verfahren ein Sich-Einarbeiten, ein Sich-Hineinfinden in oft ausgedehnteste und komplizierteste Sinnzusammenhänge erfordert."

[36] Und zwar aus demselben Grund wie oben, Anm. 27.

dende Mangel, ein gestörter Überlieferungszusammenhang zwischen Textverfasser und Verstehenwollendem, behoben ist. (5) stellt sich daher zuerst als eine von (4) nicht unterschiedene Situation dar. Erst wenn der Verstehenwollende den Überlieferungszusammenhang mit dem Textverfasser in ausreichender Weise hergestellt hat[37], kann er in einer Punkt (3) analogen Situation die objektive Unklarheit des Textes, also einen Formulierungsmangel, feststellen.

IV. Die Auslegung

A. Verschiedene Funktionen der Auslegung

Wann setzt nun „Auslegung" ein? Versteht man — wie wir dies tun[38] — unter „Auslegung" die Erschließung des (objektiv oder subjektiv) unklaren Textes, der nicht „durch sich selbst" spricht, so liegt Auslegung in der auf die Feststellung der Situationen von (3), (4) und (5 a) wie (5 b) hin einsetzenden Tätigkeit des Verstehenwollenden vor.

Hier besteht jedoch ein wesentlicher Unterschied. In der auf (4) und (5 b) folgenden Tätigkeit verbessert der Auslegende *seine* Verstehensfähigkeit, indem er *sich* den Text klarmacht; in der Folge von (3) und (5 a) hingegen verbessert der Auslegende den Text, indem er *diesen* klarmacht[39]. Beides wird landläufig als Auslegung bezeichnet, ist aber etwas durchaus Verschiedenes. Nur in den Punkten (3) und (5 a) setzt „Auslegung" in des Wortes ursprünglicher Bedeutung ein, weil der Verstehenwollende, den Textverfasser insoweit korrigierend, die von diesem fehlerhaft gemachte Auseinanderlegung der Sache im Text erneut vornimmt, sie seinerseits „auseinanderlegt". Um in der herkömmlichen Terminologie zu bleiben: Nur in (3) und (5 a) wird der Text ausgelegt[40], während in den Situationen von (4) und (5 b) der Ver-

---

[37] Indem er sich in die betreffende Sache einarbeitet; vgl. die vorstehende Anm. 35.

[38] Vgl. oben, III, D.

[39] Ein simples Beispiel: Im Gesetz wird ein Wagen zuerst als nichtmotorgetriebenes Fahrzeug definiert und einem Motorfahrzeug (als einem motorgetriebenen) Fahrzeug gegenübergestellt. Weiter unten heißt es dann im Gesetz: „Wer aus seinem Wagen aussteigt, hat vorher den Motor abzustellen." Hier ist, in fehlerhafter Weise dem geläufigen Gebrauch folgend, der Ausdruck „Wagen" für „Motorfahrzeug" verwendet. Der Fehler ist leicht zu erkennen und zu korrigieren.

[40] Wir bedienen uns hier der traditionellen Terminologie, obgleich wir mit *Hruschka*, Das Verstehen von Rechtstexten (1972), 27 ff., die Auffassung teilen, daß der Sinn eines Textes nicht *in demselben* liegt und daher *aus diesem* durch noch so viele „Auslegung" nicht entnommen werden kann; „der Sinn als Attribut eines Textes ist unausdenkbar. Auch die Auslegungen [= Darlegungen; Anm. d. Verf.] von Rechtsansichten in positivem Recht zeigen immer über sich hinaus auf außersprachliche Sach- oder Lebenszusammenhänge ..." *Ibid.*, 41.

stehenwollende lediglich seine eigene Fähigkeit zu verstehen verbessert, indem er den gestörten Überlieferungszusammenhang zwischen sich und dem Textverfasser (wieder) herstellt.

B. Das Ziel der Auslegung

Ist Auslegung ein „Zum-Sprechen-Bringen" eines Textes, der nicht „durch sich selbst" spricht, so lautet die Fragestellung offenbar: Was soll mit dem Text ausgesagt werden? Der Text muß so verstanden werden, als wenn er das tatsächlich aussagte, was er aussagen sollte. Mit anderen Worten: er ist nicht so zu lesen, wie er ist, sondern so, wie er lauten würde, wenn er klar wäre. Dies bedeutet aber notwendigerweise, daß der Text *heute so* zu verstehen ist, wie er zu lesen wäre, wenn er *zur Zeit seiner Abfassung* klar abgefaßt worden wäre[41]. Die Frage, wie ein *Rechts*text *heute anzuwenden* sei — die Fragestellung mit der Spitze gegen die Erforschung des „Willens des historischen Gesetzgebers"[42] —, ist bei auslegungsbedürftigen Texten nicht anders zu beantworten als bei nichtauslegungsbedürftigen; dies bestimmt sich nicht aus dem Text (allein), sondern aus der Gesamtrechtsordnung, die insoweit den größeren Zusammenhang jedes Rechtstextes darstellt. In diesem Sinn könnte auch hier von „Auslegung" gesprochen werden; da diese Tätigkeit aber auch bei in sich klaren Texten vorgenommen werden muß, würde eine solche Terminologie die Bedeutung von „Auslegung" ungebräuchlich ausdehnen. Diese Tätigkeit ist daher besser „Prüfen auf Relevanz" zu nennen[43]. Auslegung *korrigiert* den fehlerhaften Text und verbessert so einen *Fehler* des historischen Gesetzgebers; Prüfen auf Relevanz korrigiert den Text *nicht*, sondern prüft nur, ob ihm etwa mittlerweile ganz oder teilweise *derogiert* worden ist, so daß er *nicht mehr* oder nicht mehr *so* angewendet werden darf[44].

---

[41] Die Frage, wie der Text lauten sollte, wäre er vom Textverfasser klar abgefaßt worden, ist daher insoweit nur durch Erforschung des Willens des historischen Gesetzgebers zu beantworten. Das schließt die Anlegung objektiv-teleologischer Kriterien an den Text nicht aus, sondern erfordert sie sogar. Wie anders könnte ein Text überhaupt verstanden werden, als wenn man annimmt, daß der Gesetzgeber eine „sachgemäße" Regelung angestrebt hat? Hiezu *Larenz*, Methodenlehre (3. Aufl. 1975), 315 ff., bes. 322, gegen den wir allerdings die Gerichtetheit *aller* (nicht nur der *meisten*) Gesetze auf Sachgemäßheit vertreten.

[42] Zur Problematik von Objektivität und Subjektivität des Rechtsdenkens vgl. im übrigen *Hruschka*, Das Verstehen von Rechtstexten (1972), der den traditionellen Gegensatz für ein Scheinproblem erklärt, weil beide Ansätze das Entscheidende, nämlich den *Ausgangspunkt* ihres methodischen Wegs, ausklammern: „Mit ihrer quasi-juristischen Problemstellung haben sie sich von vornherein die Möglichkeit verbaut, auch die Frage nach der Ausgangsbasis einer rational begründeten Antwort zuzuführen. Die Frage ... ist eben keine Rechtsfrage; sie hat notwendig einen anderen Charakter. Sie ist eine phänomenologische Frage." *Ibid.*, 92.

[43] „Wie weit ist dieser Text *heute noch* relevant?"

C. Die Auslegung als allgemein-hermeneutisches Problem

Aus dem bisher Gesagten erhellt, daß der an die Punkte (3) - (5) anschließende Auslegungsvorgang kein spezifisch juristisches, sondern ein allgemein-hermeneutisches[44a] Problem darstellt. Es ist daher auch hier — und zwar vor allem in Zusammenhang mit Situationen unter (4) und (5 b)[45] —, daß in juristischen Methodenlehren hermeneutische Grundfragen, wie etwa die des sog. hermeneutischen Zirkels[46], abgehandelt werden. Von einer „juristischen" Hermeneutik zu sprechen, ist aber nur insoweit sinnvoll, als hermeneutische Überlegungen eben mit Bezug auf einen juristischen Text angestellt werden[47].

Damit sind wir aber noch nicht zum Kern der Auslegungsproblematik vorgestoßen. Haben wir doch zu Eingang dieser Untersuchung „Auslegung" nicht bloß als kein spezifisch juristisches Problem, sondern *überhaupt* als ein — und hier akzentuieren wir nun: *auch* als ein *juristisches* — *Scheinproblem* bezeichnet. Tatsächlich ist nun die

---

[44] Nach *Larenz*, Methodenlehre (3. Aufl. 1975), 327, liegt in diesem Fall ein *nachträglich* entstandener Wertungswiderspruch innerhalb der Rechtsordnung zugrunde, der dadurch entstanden ist, „daß neuere Gesetze die gleiche Rechtsfrage für einen anderen räumlichen und sachlichen Bereich anders beantworten als ein früheres Gesetz". Mit eigentümlich mangelnder Präzision fährt er dann fort: „Mitunter [sic!] wird dann die Auslegung des älteren Gesetzes an die neuere Gesetzgebung angepaßt."

[44a] Nach *Gadamer* ist „Hermeneutik die Kunst des ... Verkündens, Dolmetschens, Erklärens und Auslegens". „Hermeneutik", Historisches Wörterbuch der Philosophie III (hrsg. von *Ritter*, 1974), Sp. 1061.

[45] Vgl. zu diesen nochmals *Seiffert*, Einführung in die Wissenschaftstheorie II (3. Aufl. 1971), 123: „Entscheidend ist allein, daß wir uns mit jedem Gegenstand so *lange* beschäftigen können und müssen, *bis* wir ihn verstehen — eines Tages wird es bei jedem Gegenstand so weit sein." (Hvhbg. im Orig.)

[46] Allgem. sieht *Seiffert, ibid.*, 116, im sog. hermeneutischen Zirkel den „ständigen Wechsel von ‚Entwurf' und ‚Kenntnisnahme' bis zur weitest möglichen, dem gegebenen Forschungsstand entsprechenden Information über [das] Problem". Der *Larenz*schen „Wechselschritt"-Theorie des Zirkels (Methodenlehre, 3. Aufl. 1975, 184) und *Gadamers* „Bewegung des Verstehens vom Ganzen zum Teil und zurück zum Ganzen" mit der Aufgabe, „in konzentrischen Kreisen die Einheit des verstandenen Sinns zu erweitern" (Wahrheit und Methode, 2. Aufl. 1965, 275), stehen wir dagegen skeptisch gegenüber, weil sich hier — falls die Metapher adäquat gewählt ist — der Text offenbar am eigenen Zopf aus dem Sumpfe ziehen soll. — Wir kommen auf den „hermeneutischen Zirkel" unten, Dritter Teil, III, A, 3, Anm. 4, nochmals zurück.

[47] In diesem Sinn sagt *Larenz* über Aufgabe und Standort der Methodenlehre der Jurisprudenz überhaupt, daß sie einerseits ein Teil der Jurisprudenz ist, andererseits eine von ihr unabhängige Grundlage hat. *Ibid.*, 225. „Ob bestimmte Methoden dazu geeignet sind, das Erkenntnisziel der Jurisprudenz und ihre davon untrennbaren praktischen Aufgaben zu fördern oder nicht, ob es spezifische Methoden wertorientierten Denkens gibt und wenn ja, wie sie sinnvoll einzusetzen sind, das sind Fragen, die dem weiten Bereich der Hermeneutik angehören." *Ibid.*, 227.

IV. Die Auslegung

Frage, ob es *besondere* Regeln der „juristischen" Hermeneutik gibt, ebenso verfehlt wie die Frage, welches überhaupt die Regeln der *allgemeinen* Hermeneutik seien.

Sowenig wie das Ob und das Wie der Erkenntnis von der Erkenntnistheorie (und damit von ihren Theorien über das Ob und das Wie *der* Erkenntnis, und allfällig davon abgeleiteten Regeln *für die* Erkenntnis) abhängen, weil Erkenntnis der Erkenntnistheorie *vorgängig* ist, sowenig ist Verstehen, als eine Unterform der Erkenntnis, von Theorien *über* und Regeln *für* das Verstehen abhängig, eben weil es solchen Theorien und Regeln *vorgängig* ist[48]. Erkennen (und Verstehen) ist jene Achse,

---

[48] Richtig sagt insoweit *Kraft*, Die Grundformen der wissenschaftlichen Methoden (2. Aufl. 1973), 11: „Die wissenschaftlichen Methoden ... dienen nicht zur Entdeckung, sondern zur Begründung der Erkenntnis." Zit. nach *Larenz*, Methodenlehre (3. Aufl. 1975), 225, Anm. 129. Während noch bei *Locke* dies nicht strittig war — gewinnt er doch seine Ideen durch „experience", die sich aus „sensation" und „reflection" zusammensetzt, wobei aber beide „observations" sind (An Essay Concerning Human Understanding II, 19, 4; auch 23, 30, und IV, 2, 2.3); vgl. *Bormann / Kuhlen / Oeing-Hanhoff*, „Denken", Historisches Wörterbuch der Philosophie II [hrsg. von *Ritter*, 1972], Sp. 84 f.), so daß die wesentlich empfangende Funktion des Erkennens und Verstehens deutlich bleibt —, und auch bei *Hume* nichts anderes als das (vom Objekt bestimmte) (geistig oder sinnlich) Erfahrene gedacht werden kann (*ibid.*, Sp. 85, mit Verweisung auf *Humes* An Enquiry Concerning Human Understanding [hrsg. von *Selby-Bigge*, Neudruck 1963], VII/I, 49), kommt *Kant* zur Aussage, „daß die Vernunft nur das einsieht, was sie selbst nach ihrem Entwurf hervorbringt" (*ibid.*, Sp. 86, nach der Vorrede zur 2. Auflage der Kritik der Reinen Vernunft, B XIII). Wenn Denken aber nicht Reproduktion, sondern Produktion von Wirklichkeit ist, indem es die Anschauungen ordnet (*ibid.*), dann liegt die Versuchung nahe, dem aktiven Verstand „auf die Finger zu sehen", ob er sich als und an seine Kategorien hält und nicht vom gehörigen Weg abweicht, wenngleich nach *Kant* selbst die „Maximen der Vernunft" — in der Sprache moderner Wissenschaftstheorie gesagt — „als Hypothesen niemals verifiziert, aber auch niemals falsifiziert werden können" (ibid, Sp. 87). Auch bei *Hegel* ist Denken letztlich „die *Sache* in sich walten zu lassen" (*ibid.*, Sp. 91 f., nach *Hegels* Enzyklopädie der philosophischen Wissenschaft [1830], § 83); seine Dialektik erlaubt es ihm aber, diese Objektivität auch als Subjektivität zu verstehen. Dieser Subjektivismus wird dann bei *Marx* und *Engels* noch objektiv unterbaut, indem alles Denken als Teil des Überbaus auf die ökonomische Basis bezogen wird. „Nicht das Bewußtsein bestimmt das Leben, sondern das Leben bestimmt das Bewußtsein ... Diese Betrachtungsweise ... geht von den wirklichen Voraussetzungen aus ..." *Marx / Engels*, „Die deutsche Ideologie", *Marx / Engels*, Werke III (1969), 27. Zwar wenden sich *Schopenhauer* und *E. von Hartmann* gegen *Kant*, weil der Primat der Anschauung und der Intuition zukomme (bei *Bormann et al., loc. cit.*, Sp. 95). Im *Neukantianismus* aber wird die *Kant*sche Position radikalisiert, und im Postulat des Denkens in seiner „Reinheit" (vgl. *Cohen*, Logik der reinen Erkenntnis [2. Aufl. 1914], 12 [nach *ibid.*, Sp. 96]) das „unreine" Denken mitgesetzt, aus dem bis heute die Sorge um „Methodenreinheit" resultiert. Daran hat nichts geändert, daß für *Husserl*, Logische Untersuchungen II/2 (4. Aufl. 1968), 193, Denken „Anschauung", für *Heidegger*, Sein und Zeit (7. Aufl. 1960), 25, „Vernehmen von etwas Vorhandenem in seiner puren Vorhandenheit" ist (beide Zitate nach *loc. cit.*, Sp. 100 f.), und daß nach *Wittgenstein* überhaupt „nicht unlogisch gedacht werden *kann*" (*ibid.*, Sp. 98, nach dem Tractatus logico-philosophicus [1921], 5.4731). Hier hilft nun aller-

um die sich alle menschliche Erkenntnis (und alles menschliche Verstehen) dreht; gleichsam der (positive) Punkt des Archimedes, der nicht seinerseits wiederum durch nachträgliche Einsichten aus den Angeln gehoben werden kann[48a].

Dies bedeutet aber, daß insoweit gar keine Regeln für das *Verstehen* aufgestellt werden können[49], was ja grundsätzlich auch bereits erkannt worden ist[50]. Es kann lediglich eine Regel an den Willen aufgestellt werden, besagend, daß das Verstandene anzunehmen sei[51]. Nur

---

dings keine „Rückbesinnung" auf eine ontologische Begründung von Denken, Erkennen und Verstehen zur Begründung sachorientierter Auslegung. Denken, Erkennen, Verstehen sind vielmehr ein positives Faktum, das seiner Positivität halber gar keiner Begründung bedarf, weil ein anderes nicht denkmöglich ist. (Um nochmals *Wittgenstein* zu zitieren: „Was wir nicht denken können, können wir nicht denken..." Tractatus logico-politicus [1921], 5.61 [zit. nach *loc. cit.*]). Diese einzige echte — nicht hypothetische — Positivität ist dann allerdings einer ontologischen Erläuterung (im Gegensatz zu: Begründung) zugänglich. Aus ihr folgt im Sinne der klassischen Philosophie die Forderung nach Sachbezogenheit (auch) der Auslegung, weil „[d]ie Seinswirklichkeit der Dinge" im Verstehenwollenden so gut wie im Verfasser „das verursachende Prinzip ihres reflektierten Seins in unserem nachbildlich-urteilenden Verstande" ist. *Lakebrink*, Klassische Metaphysik (1967), 17.
[48a] Dies entspräche — um ein Bild zu gebrauchen — jemandem, der, mit Hilfe einer Leiter emporgestiegen, diese — daran zweifelnd, daß man auf ihr überhaupt emporsteigen kann — einfach umstößt. Im besten Fall wird er sich dadurch die Möglichkeit zu weiterem Emporsteigen nehmen, im schlimmeren aber schwer zu Fall kommen. — In diesem Sinne hat übrigens schon *Spinoza* jede Erkenntniskritik mit dem Bemerken abgelehnt, eine solche käme gewissermaßen zu spät. „Tractatus de intellectus emendatione", Opera II, hrsg. von *Gebhardt* (1925), 17. (Bei *Krings / Baumgartner*, „Erkennen, Erkenntnis", Historisches Wörterbuch der Philosophie II [hrsg. von *Ritter*, 1972], Sp. 643 ff., auf 653.)
[49] „Die herkömmlichen Theorien sind in ihrer Zielsetzung und damit auch in der Art und Weise ihrer Argumentation methodologisch. Das soll heißen, es geht ihnen um den ‚richtigen Weg'..., der bei der Auslegung... einzuschlagen ist. Ihr Interesse richtet sich auf die Kriterien der Richtigkeit der Rechtserkenntnis... Die auf das Phänomen des Verstehens von Rechtstexten gerichtete Frage ist aber gerade nicht von der Art solcher Problemstellungen. Ihr geht es nicht darum, wie sich der ‚Ausleger' *verhalten soll*, vielmehr fragt sie danach, wie sich der Verstehende *schon immer verhält*, wenn er einen Rechtstext versteht." *Hruschka*, Das Verstehen von Rechtstexten (1972), 10. (Hvhbg. im Orig.).
[50] Daher ist auch „Interpretation und alles, was sich an sie anschließt, ... keine Tätigkeit, die sich allein nach festgelegten Regeln vollziehen könnte; es bedarf dazu immer auch der schöpferischen Phantasie [sic!] des Interpreten". *Larenz*, Methodenlehre (3. Aufl. 1975), 229. Wir wollen mit diese Phantasie (mit der es auch *Gadamer* hat; vgl. sein Nachwort zur 3. Aufl., 513 [bei *Larenz, ibid.*, Anm. 138], wonach „zwar methodische Sauberkeit zur Wissenschaft unerläßlich ist, aber die bloße Anwendung gewohnter Methoden weit weniger als die Findung von neuen — und dahinter die schöpferische Phantasie des Forschers — das Wesen aller Forschung ausmacht") verzichten, und verlassen uns auf das Verstehen von der Sache, die den Sinn des Texts ausmacht — jenes unmittelbare Verstehen, das auch nach *Larenz* gegenüber der Auslegung das Ursprüngliche ist. *Ibid.*, 181.
[51] Vgl. dazu *Messner*, Das Naturrecht (4. Aufl. 1960), 52 f.

in diesem Appell an den *Vernunftwillen*[52] kann eine Rechtfertigung für den Aufruf zum Streben nach dem gefunden werden, was *Larenz* etwa die „möglichste Rationalität" nennt[53]. Ein solcher Appell an den Vernunftwillen kommt etwa in der „Auslegungsregel" zum Ausdruck, daß ein Text *bona fide* „auszulegen" sei[54]. Hinsichtlich jenes Vorganges, den wir hier als „Auslegung" bezeichnen, kann daher keine andere Regel aufgestellt werden als die, daß man sich um das Verständnis einer nicht verstandenen Sache solange bemühen muß, bis man es erlangt hat — was nach *Seiffert* früher oder später immer der Fall sein wird[55] —, und vor Erreichung dieses Stadiums keine endgültigen Aussagen machen darf.

D. Auslegung — ein juristisches Problem?

Obwohl also für die Auslegung sowenig wie für Verstehen überhaupt Regeln aufgestellt werden können, und obwohl dies in der Wissenschaft auch schon vereinzelt — wenngleich allerdings nur zögernd und damit offenbar ungern[56] (etwa mit der Einschränkung auf die Unmöglichkeit der Aufstellung „fester" Regeln; oder einer „festen" Reihenfolge) — zum Ausdruck gebracht worden ist, findet sich doch im positiven Recht und in der wissenschaftlichen Literatur immer wieder der Versuch, „Auslegung" zu normieren. Ein großer Teil dieser „Auslegungsregeln" sind dabei immer *hermeneutische* Regeln: Anleitungen zum („besseren") Verstehen. Als solche sind sie aber überflüssig. Oder es sind Regeln, die sich nur als hermeneutische geben, in Wahrheit aber einen *anderen* Zweck verfolgen[57]. Ein typisches Beispiel hierfür ist das Verbot, zur

---

[52] „Entsprechend seiner Vernunftnatur wirkt das Naturgesetz im Menschen durch seine Vernunfterkenntnis und seinen Vernunftwillen ... Erkenntnis- und Willensfunktion stehen danach in innerster Verbindung miteinander."

[53] Methodenlehre (3. Aufl. 1975), 229. Sich gegen die Tendenz, methodische Anweisungen als bloße „Leerformeln" für überflüssig zu halten, wendend, sagt er, dies „hieße wieder, auf das *mögliche Maß* von Rationalität verzichten und alles der bloßen Beliebigkeit des subjektiven Dafürhaltens überlassen". (Hvhbg. im Orig.)

[54] Vgl. dazu unten, Dritter Teil, III, A, 1.

[55] Vgl. oben Anm. 45.

[56] Vgl. *Larenz*, Methodenlehre (3. Aufl. 1975), 181: „Der Schluß, zu dem [der Auslegende] kommt, ist kein logisch zwingender Schluß, sondern eine durch hinreichende Gründe motivierte Wahl zwischen verschiedenen Deutungsmöglichkeiten. Einen Text ‚auslegen', heißt aber, sich für eine unter mehreren möglichen Deutungen aufgrund von Überlegungen zu entscheiden, die gerade diese als die hier ‚zutreffende' erscheinen lassen." Was dies bedeuten soll, wenn der zu ziehende Schluß nicht zwingend ist, bleibt unerfindlich.

[57] Nach *Kelsen / Tucker*, Principles of International Law (2. Aufl. 1967), 459, „[t]he subject or organ competent to apply the law laid down in the legal instrument has the choice among [the various methods of interpretation] ...

Vertragsauslegung die *travaux préparatoires* heranzuziehen, auf das wir später noch zurückkommen werden[58]. Schließlich bleiben dann noch jene Regeln, die zwar nach der Absicht ihres Schöpfers keinen anderen als einen hermeneutischen Zweck verfolgen, aber einer verfehlten Methodologie entsprungen sind[59]. Da sie das Verstehen auf eine falsche Bahn führen würden, werden sie in der Praxis einfach nicht beachtet[60].

Wenn es nicht sinnvoll ist, Normen für Verstehen und Auslegen, also für Vorgänge aufzustellen, die sich gar nicht normieren lassen, so erhebt sich die Frage, welche mögliche Relevanz ihnen doch zukommt[61]. Die selbstverständlichen und die offenbar verfehlten haben wir dabei schon als überflüssig bzw. als unbeachtlich ausgeschieden. Es bleibt damit nur noch jene Gruppe von „Auslegungsregeln", die einen *anderen* als einen hermeneutischen Zweck verfolgen. Wo sie in die Form einer Norm des positiven Rechts gebracht sind, bleiben sie beachtlich, sobald feststeht, daß die durch sie bewirkte „Verfälschung" des Ergebnisses der Auslegung vom Gesetzgeber beabsichtigt ist und sie daher nicht bloß dessen mangelhafter methodologischer Bildung entsprungen sind. Sie stellen sich dann als ein legistischer Kunstgriff dar, durch den der Gesetzgeber das Gebot zur *Korrektur* eines anderweitig erzielten Ergebnisses in die Form einer scheinbar hermeneutischen Regel kleidet. Man denke etwa an das Analogieverbot im Bereich des Strafrechts, eine Regel, die ein an sich richtiges Ergebnis nicht zum Zuge kommen läßt, weil man es für sozial nicht gerechtfertigt hält, die Verantwortung für die Vorwegnahme des entsprechenden Auslegungsvorganges dem Täter aufzubürden[62]. Daß ein Satz wie *nullum crimen sine lege* eine sozialpoli-

---

unless a norm of the legal instrument itself or another norm of the legal order to which the legal instrument belongs prescribes a definite method of interpretation. *General international law* does not contain such a norm ..." (Hvhbg. vom Verf.)

[58] Vgl. unten, Dritter Teil, III, B.

[59] Im Gegensatz zu den normierten Auslegungsregeln haben die bloß „von der Rechtssprechung anerkannten, hermeneutisch gerechtfertigten methodischen Anweisungen" nicht den Rang von Rechtsnormen, „weil keine allgemeine Rechtsüberzeugung dahinter [nämlich hinter dieser ‚Gewohnheit'; Anm. d. Verf.] steht". *Larenz, ibid.,* 230.

[60] Vgl. *ibid.,* 229 f.: „Zu derartigen Vorschriften ist zu sagen, daß sie, weil selbst auslegungsbedürftig, selten den vom Gesetzgeber vorgestellten Effekt haben."

[61] Nach *ibid.,* 230, „hat die Methodenlehre sie als Schranken, an die die Gerichte und andere Staatsorgane nun einmal gebunden sind, hinzunehmen".

[62] „Wo freilich der Rechtstext eine darüber hinausgehende Funktion hat, vor allem eine Garantiefunktion zur Sicherung der Freiheit, muß eventuell die Absurdität hingenommen werden, daß ein in seinem Gesamtgefüge durchaus sinnvoller Text wegen der Ungereimtheit seiner ausführlicheren Phänomenexplikation überhaupt nicht oder nur zum Teil angewendet werden darf. Das ist u. a. der Sinn des Grundsatzes nullum-crimen-sine-lege, der die Anwendung von Straf-‚Gesetzen' verbietet, wenn und soweit sie in

tische Entscheidung darstellt und nicht logisch zwingend ist, beweist der Umstand, daß er in einzelnen Staaten nicht gilt[63] bzw. nicht gegolten[64] hat[65].

E. Der Gegenstand der Auslegung

Bevor wir nunmehr darangehen, aus dem bisher Gesagten ein Résumé zu ziehen, wollen wir den Versuch machen, unsere Aussagen noch zu hinterfragen, um auf diese Weise zu einem tieferen Verständnis des Auslegungsproblems zu gelangen.

1. Textverstehen als Sachverstehen

Nach der traditionellen Meinung über die Auslegung ist es stets *der Text als solcher*, der ausgelegt werden soll, weil er den zu ermittelnden Sinn immer schon (irgendwie) in sich trägt. Der Sinn von Wörtern wie der Sinn von Texten besteht aber in ihrer Relation zu Sachen. Sinn ist also kein „Attribut" eines Textes als solchem, kann demnach nicht aus diesem, sondern *nur aus dem Gegenstand* gewonnen werden, den der Text bezeichnet[66]. Damit wird alles Textverstehen ein Sachverstehen[67].

„Wer einen Text verstehen will, muß also auf die Sache sehen, über die der Text spricht, und er vermag den Text nur insoweit zu verstehen, als

---

sich, d. h. in der Gegenüberstellung des Gefügesinnes und des Sinnes eines oder mehrerer Einzelglieder, widersprüchlich sind." *Hruschka*, Das Verstehen von Rechtstexten (1972), 88.

[63] So der Staat der Vatikanstadt. Vgl. *Köck*, Die völkerrechtliche Stellung des Hl. Stuhls (1975), 155, Anm. 454. Dies gemäß der Auffassung, daß sich das Recht nicht in der *lex humana* erschöpft.

[64] So in der Freien Stadt Danzig. Vgl. dazu das Gutachten des StIG über *Consistency of Certain Danzig Legislative Decrees with the Constitution of the Free City*, PCIJ- Publications (1935), Ser. A/B, No. 65. Dazu *Sohn / Buergenthal*, International Protection of Human Right (1973), 302.

[65] *Schild*, Strafrecht — Allgemeiner Teil (in Vorbereitung), nimmt aus demselben Grund an, daß im Strafrecht das Analogieverbot ein bloßes *Begründungsverbot* sei.

[66] „Nichts anderes als der Gegenstand steht für die Beschreibung des Sinnes eines Wortes zur Verfügung." *Heyde*, „Vom Sinn des Wortes Sinn. Prolegomena zu einer Philosophie des Sinnes", Sinn und Sein. Ein phylosophisches Symposion (hrsg. von *Wisser*, 1960), 60 ff. (zit. bei *Hruschka*, Das Verstehen von Rechtstexten [1972], 40).

[67] Wenngleich verhüllt, kommt diese Einsicht auch bei *Gadamer* zum Ausdruck, wenn er sagt: „Ein Text will nicht als Lebensausdruck verstanden werden, sondern *in dem, was* er sagt. Schriftlichkeit ist die abstrakte Idealität der Sprache. Der Sinn einer schriftlichen Aufzeichnung ist daher grundsätzlich identifizierbar und wiederholbar. Das in der Wiederholung Identische allein ist es, das in der schriftlichen Aufzeichnung wirklich niedergelegt war ... Lesendes Verstehen ist nicht ein Wiederholen von etwas Vergangenem, sondern Teilhaben an einem gegenwärtigen Sinn." Wahrheit und Methode (2. Aufl. 1965), 370. (Hvhbg. vom Verf.) Das „Identische" ist die Sache, die den Sinn des Textes als sein „Gegenstand" bildet.

er sich einen Blick auf die Sache verschaffen kann. In sprachlich ungenügender, aber üblicher Rede: Der Verstehende muß eine *Ansicht* von der jeweiligen Sache haben oder gewinnen[68]."

2. *Rechtstextverstehen als Verstehen von Recht*

Damit aber gilt für das *Recht*, daß die „Einsicht in die Rechtsphänomene und damit in das Prinzip Recht ... die unabdingbare Bedingung der Möglichkeit des Verstehens von Rechtstexten" ist[69]. Der Rechtstext ist nichts anderes als die Darlegung der Ansicht eines anderen über das jeweilige Rechtsphänomen. Diese Darlegung kann allerdings mangelhaft sein; dann greift Auslegung Platz.

Damit ist aber der entscheidende Schritt zu einem besseren Verständnis des Auslegungsvorganges getan: *ausgelegt* wird nicht der *Text*, sondern *dargelegt* wird die von ihm intendierte Sache[70]. Die Auslegung eines mangelhaften Textes orientiert sich an diesem nur insoweit, als aus ihm der Hinweis auf die Sache entnommen wird[71]; dann aber orientiert sie sich an dieser Sache selbst und korrigiert den Text, der in seiner Darlegung fehlerhaft ist[72]. Ebenso orientiert sich der Verstehenwollende, dessen Verstehen noch mangelhaft ist, am Text nur insoweit, als dieser einen Hinweis auf die intendierte Sache gibt; dann aber bemüht er sich um ein zureichendes Sachverständnis, um den von der Sache handelnden Text (besser) verstehen zu können[73].

---

[68] *Hruschka*, Das Verstehen von Rechtstexten (1972), 45, mit Abgrenzung der *Ansicht* von der bloßen *Meinung*, die, weil eine Ansicht von der Sache fehlt, in leeres Gerede ausartet.

[69] Vgl. *ibid.*, 76.

[70] „Jeder ... Jurist kennt die in einer solchen Notlage immer wiederkehrende Redewendung, daß ‚hier nur noch durch Auslegung geholfen werden könne', wobei der Charakter der auf diese Weise als Hilfe apostrophierten Auslegung allerdings regelmäßig unerforscht bleibt. Wie ‚Auslegung' hier Hilfe leisten soll, solange sie als ‚Auslegung *des Textes*' aufgefaßt wird, ist auch vollkommen unerklärlich ... Es ist evident, daß sich ... Auslegung ... nur an den vom Text intendierten Phänomenen und nicht an dem als mangelhaft erkannten Text orientieren kann ..." *Ibid.*, 85. (Hvhbg. im Orig.)

[71] Daß dies überhaupt möglich ist, liegt darin begründet, daß „der *erkennbar* fehlgehende Texte das Phänomen doch immer, aber eben so mangelhaft, daß die Fehlleistung auffällt, [erreicht], und nur, weil diese Möglichkeit besteht, gibt es überhaupt eine juristische Methodenlehre, der es nicht zuletzt gerade auch um die Vermeidung von Fehldeutungen der Rechtsphänomene und um die Korrektur nicht vermiedener Fehldeutungen geht, wenn diese ihre Aufgabe auch meistens nicht so ausgelegt wird". *Ibid.*, 77. (Hvhbg. im Orig.)

[72] Der Text kann in dreierlei Hinsicht mangelhaft sein: „Man kann zwischen einer Überbestimmung, einer Unterbestimmung und einer gänzlichen Fehlbestimmung des jeweiligen Phänomens durch die mangelhafte [Darlegung] unterscheiden, wobei als gänzliche Fehlbestimmungen jene ... zu bezeichnen sind, die auf das von ihnen angezielte Phänomen doch noch irgendwie hinweisen, als seine Umschreibungen aber, wie man sagt, neben der Sache liegen." *Ibid.*

V. Zusammenfassung

Fassen wir nun die Ergebnisse dieses Zweiten Teils zusammen. Auslegung als ein Weg zum Verstehen ist ein hermeneutisches Problem und hat *als solches* keinen spezifisch juristischen Ort. Insoweit Verstehen — und damit Auslegung — überhaupt nicht geregelt werden kann, behandeln alle methodologischen Überlegungen betreffend das „richtige" Verstehen und die „richtige" Auslegung ein bloßes *Scheinproblem*[74]. Die eigentliche Bedeutung normierter Auslegungsregeln besteht also weder im „Zum-Sprechen-Bringen" des objektiv unklaren noch im „Zum-Verstehen-Bringen" des subjektiv unklaren Textes. Insoweit sind sie entweder selbstverständlich und damit überflüssig oder irreführend und damit unbeachtlich. Ihre eigentliche Bedeutung liegt vielmehr in den *politischen Zielen,* die durch bestimmte Auslegungsregeln verfolgt werden sollen. Ihre Aufdeckung und Abgrenzung gegenüber den (quasi-)hermeneutischen Auslegungsregeln ist die eigentliche Aufgabe im Zusammenhang mit dem ganzen Auslegungskomplex[75].

Damit wird aber eines klar: Beschäftigung mit „Auslegungsfragen" im herkömmlichen methodologischen Sinn führt keineswegs — wie vermeintlich angenommen wird — zu einer „möglichsten Rationalität", weil die „Auslegungsregeln" ihrer Natur nach auf das „richtige" Verstehen keinen Einfluß nehmen können. Im Gegenteil: dort, wo bewußt „methodisches" Denken Ersatz dafür wird, sich der „Anstrengung des Begriffes" zu unterziehen — jenem physisch und psychisch oft anstrengenden Erkenntnisakt, der, und dies sei nochmals betont, ursprünglicher Art ist und sicht nicht in nachträglich aufgestellte Regeln zwingen läßt —, wird Auslegung nicht zu Verstehen führen. Hier ist es mit dem Hinweis, daß zur Anwendung der Auslegungsregeln auch noch ein

---

[73] So betrachtet, ist es völlig unverständlich, warum die Abfassung von Texten in einer symbolischen Zeichensprache alle Verstehensschwierigkeiten beseitigen soll, wie *Larenz,* Methodenlehre (3. Aufl. 1975), 182, meint. Nicht das Medium der Sprache ist es ja, auf dessen Konto die auftretenden Mißverständnisse gehen, wie *Larenz* offenbar annimmt, sondern die fehlerhafte Darlegung der intendierten Sache in der Sprache durch den Textverfasser, der sich der Anstrengung des Begriffes nicht genügend unterzogen hat.

[74] Dies zeigt sich auch schon darin, daß alle Auslegungsregeln, gäbe es überhaupt „echte", auch ihrerseits wiederum auslegungsbedürftig wären, sodaß die „letzten" Auslegungsregeln immer präpositiv sein müßten und sich daher gar nicht in das positive Recht einfangen ließen. Wären daher dem positiven Recht normierte Auslegungsregeln vonnöten, so wäre dies der Ort permanenter, weil nicht zu füllender Gesetzeslücke. In Wahrheit aber ist Auslegung sachgebunden und damit ohnedies sowenig „frei" wie das Ausfüllen von Gesetzeslücken überhaupt. Dazu vgl. *Bydlinski,* „Gesetzeslücke, § 7 ABGB und die ‚Reine Rechtslehre' ", Festschrift Franz Gschnitzer (1969), 101 ff.

[75] In ihnen kommen der Rechtsordnung immanente Werte zum Ausdruck. Zu diesen vgl. *Winkler,* Wertbetrachtung im Recht und ihre Grenzen (1969), 42 f.

gleichsam schöpferischer Akt des Verstehenwollenden hinzutreten müsse, weshalb die Auslegung nicht dem „scientistischen" Wissenschaftsbegriff unterfalle und auch eine „Kunst" genannt werden könne[76], nicht getan. Erkennen, so hat es *Platon* in seinem Höhlengleichnis beschrieben[77], ist letztlich vom persönlichen Akt des Umwendens, also von einem Willensakt getragen, der auf das Sich-zur-Kenntnis-Bringen und Zur-Kenntnis-Nehmen gerichtet ist. Dieser Willensakt, ohne den Auslegung nie zu wirklichem Verstehen führen wird, kann nicht durch das Begehen ausgetretener methodischer Trampelpfade ersetzt werden. Die Bemühung hat daher, und zwar durchaus auch im Rahmen des positiven Rechts, dem „rechten", nicht so sehr oder doch nicht allein dem „methodisch richtigen" Ergebnis zu gelten.

---

[76] Vgl. *Larenz*, Methodenlehre (3. Aufl. 1975), 181 und *passim*.

[77] Politeia, VII. Vgl. dazu *Verdross*, Grundlinien der antiken Rechts- und Staatsphilosophie (2. Aufl. 1948), 85 f. — Um das Gleichnis für unser Problem fortzuspinnen: die Wirkung der traditionellen Auslegungsregeln gleicht der von Kienspänen, die — weit davon entfernt, das Tageslicht ersetzen zu können — allenfalls dazu führen, daß nicht einmal mehr die in diesem Tageslicht geworfenen Schatten sichtbar werden.

Dritter Teil

Die Auslegung völkerrechtlicher Verträge nach der Wiener Vertragsrechtskonvention 1969

I. Der Weg zum Interpretationskanon der Wiener Vertragsrechtskonvention

Studiert man die Diskussion, die zu der in der WVK enthaltenen Auslegungsregelung geführt hat, so sind es zwei Hauptfragen, die immer neu zur Behandlung drängen: Kennt das Völkerrecht überhaupt Interpretationsregeln mit Normcharakter (also verpflichtend), oder ist der einen völkerrechtlichen Vertrag Auslegende auf allgemeine Interpretationsregeln angewiesen, die allenfalls ein juristisches *know-how* darstellen[1]? Mit anderen Worten (so wird gefragt): Ist die Interpretation völkerrechtlicher Verträge selbst ein rechtlich geregelter Vorgang oder lediglich die Anwendung einer Fertigkeit oder Kunst? Für beide — einer auf einem falschen Interpretationsverständnis beruhenden verfehlten Fragestellung entsprungenen — Auffassungen hat sich eine Stütze in der Diskussion gefunden[2], die der Erarbeitung der WVK[2a] vorausging, in der

---

[1] Vgl. den Kommentar der ILC zu *Draft Articles* 27 and 28, *loc. cit.*, 218: "The utility and even the existence of rules of international law governing the interpretation of treaties are sometimes questioned."

[2] Vgl. die Ausführungen *Reuters* im 870. Meeting der ILC, YBILC 1966 I/2, 188, wonach „a reluctance to insert provisions on the interpretation of treaties in the draft was understandable because interpretation was an art, not a science". Dagegen konnte *Jiménez de Aréchaga*, *ibid.*, 190, darauf hinweisen, daß „the approach adopted by the Commission ... seemed to have been accepted by governments, namely, that fundamental rules of interpretation should be set out in the form of legal rules". Vgl. auch die Stellungnahme *Briggs'* im 765. Meeting der ILC, YBILC 1964 I, 275, nach dem zwar „[t]he canons of interpretation are not always rules of international law but ... working hypotheses ...", andererseits erlaube „[e]xtensive State practice, precedent and doctrine ... the precise formulation and systematization of rules [of international law] of the kind [the Special Rapporteur] had set out". Aber selbst der Kommentar zum *ILC-Draft* sagt über die völkerrechtlichen Vertragsauslegungsgrundsätze: "They are, for the most part, principles of logic and good sense valuable only as guides to assist in appreciating the meaning which the parties may have intended to attach to the expressions that they imployed in a document ... In other words, recourse to many of these principles is discretionary rather than obligatory and *the interpretation of documents is to some extent an art, not an exact science.*" YBILC 1966 II, 218. (Hvhbg. vom Verf.) Derselbe Kommentar muß zugestehen, daß „[t]he first two [von vieren; Anm. des Verf.] of the Commission's Special Rapporteurs on the law of treaties

auch das Problem der Normierung von Interpretationsregeln zur Behandlung anstand. Und die zweite Frage: Welches sind diese Regeln[3], denen der Charakter völkerrechtlicher Normen zukommt, die also in ihrer Anwendung für die Parteien wie für Dritt(e)(instanzen) verbindlich sind?

Diesen Fragen gegenüber sind wir nunmehr mit den Artikeln 31 und 32 WVK konfrontiert. Was immer deren Wert sein mag[4] — sie können überhaupt nur im Lichte der traditionellen methodologischen Überlegungen verstanden werden.

[nämlich *Brierly* und *Sir Hersh Lauterpacht;* Anm. des Verf.] in their private writings also expressed doubts as to the existence in international law of any general rules for the interpretation of treaties". *Ibid.* Er unterstreicht aber, daß „[o]ther jurists ... show less hesitation in recognizing the existence of some general rules for the interpretation of treaties". *Ibid.* In Sonderheit der dritte Special Rapporteur, *Sir Gerald Fitzmaurice,* war es, der aus der Rechtsprechung des Weltgerichtshofs sechs Auslegungsgrundsätze deduzierte. Vgl. sein „The Law and Procedures of the International Court of Justice 1951 - 1954: Treaty Interpretation and other Treaty Points", 33 BYIL (1957), 203 ff., auf 210 ff. Vgl. dazu auch *De Visscher,* „Remarques sur l'interprétation dite textuelle des traités internationaux", Varia Iuris Gentium (für Jean Pierre Andrien François, 1959 = 6 Nederlands Tijdschrift voor Internationaal Recht [1959], 383 ff., auf 390): „L'interprétation ... requiert l'esprit de finesse plus que l'esprit de géometrie; elle fait appel à l'intention plus qu'à la technique. Il y a un art de l'interprétation des traités." Diese Feststellung inspirierte *Bernhardt,* Die Auslegung völkerrechtlicher Verträge (1963), 57, zu der Aussage: „Die Kunst der Vertragsauslegung hat jedenfalls das mit den echten Künsten gemeinsam, daß mit der Existenz und Kenntnis von Regeln deren richtige Verwertung und Brauchbarkeit im Einzelfall durchaus nicht gesichert ist." Vgl. dazu auch *ibid.,* 1.

[2a] Zu Verlauf und Ergebnis der Wiener Vertragsrechtskonferenz der Vereinten Nationen vgl. *Fischer / Köck,* „Das völkerrechtliche Vertragsrecht im Lichte der Ergebnisse der ersten Session der Wiener Vertragsrechtskonferenz der Vereinten Nationen", 23 ÖJZ (1968), 505 ff.; *Neuhold,* „The 1968 Session of the United Nations Conference on the Law of Treaties", 19 (NF) ÖZöR (1969), 59 ff.; *ders.,* „Die Wiener Vertragsrechtskonvention 1969", 15 AV (1971), 1 ff.; *Verosta,* „Die Vertragsrechts-Konferenz der Vereinten Nationen 1968/69 und die Wiener Konvention über das Recht der Verträge" 29 ZaöRV (1969), 645 ff.; *Fischer / Köck,* „Das Recht der völkerrechtlichen Verträge nach der zweiten Session der Wiener Vertragsrechtskonferenz der Vereinten Nationen", 9 ÖZA (1969), 275 ff.; *Caicedo Castilla,* „La Conférence de Vienne sur le droit des traités", 73 RGDIP (1969), 790 ff.; *Nahlik,* „La Conférence de Vienne sur le droit des traités. Une vue d'ensemble", 15 AFDI (1969), 24 ff.; *Kearney / Dalton,* „The Treaty on Treaties", 64 AJIL (1970), 495 ff.; *Sinclair,* „Vienna Conference on the Law of Treaties", 19 ICLQ (1970), 47 ff.; *Rosenne,* The Law of Treaties (1970); und *Maresca,* Il diritto dei trattati. La Convenzione codificatrice di Vienna del 23 Maggio 1969 (1971). Als Mittel, den politischen Spielraum des Auslegenden bei der Interpretation einzuschränken, sieht *Sur,* L'interprétation en droit international public (1974), 247 ff., die Kodifikation von Interpretationsregeln in der WVK an.

[3] Wir verwenden hier den in der völkerrechtlichen Terminologie gebräuchlichen Ausdruck „Regel" anstelle von „Norm"; letzteren juristischen Terminus etwa in die deutsche Übersetzung der WVK einzuführen, ist dem Verfasser und seinem Kollegen, Hrn. Universitätsdozent Dr. *Peter Fischer,* als Mitgliedern der österreichischen Delegation zur Übersetzungskonferenz der deutschsprachigen Staaten trotz bzgl. Bemühungen nicht gelungen.

Darüber hinaus bleibt auch im Zusammenhang mit dem Auslegungskanon der WVK jedenfalls zu prüfen, welche der dort gegebenen Regeln (bloß) hermeneutischer Natur sind, und welche ein politisches Ziel verfolgen. Die Aufdeckung der letzteren ist der Völkerrechtswissenschaft jedenfalls aufgegeben[5].

II. Zum völkerrechtlichen Normcharakter von Interpretationsregeln im allgemeinen

Damit können wir uns der ersten Frage der traditionellen Interpretationsdiskussion zuwenden: Stellen die Interpretationsregeln überhaupt völkerrechtliche Normen, stellt das Interpretationsverfahren überhaupt einen rechtlichen Prozeß dar[6]? Diese Frage ist teilweise zu verneinen, teilweise zu bejahen.

Aus dem Umstand, daß diese Frage im Bereich der Völkerrechtswissenschaft diskutiert wird, kann nun zwar geschlossen werden, daß das Ergebnis dieser Diskussion von Relevanz für die Auslegung völker-

---

[4] Die WVK ist zwar noch nicht in Kraft getreten, doch darf aus dem Rechtsgutachten des IG im *Namibia-Fall* (ICJ-Reports 1971, 16 ff.) geschlossen werden, daß auch die Interpretationsregeln, wie sie in der WVK niedergelegt sind, vom IG als bloße Kodifikation schon bisher bestehenden Völkergewohnheitsrechts angesehen werden. Dieselbe *ratio*, die den Gerichtshof in diesem Fall Art. 60, der von den Folgen des Vertragsbruchs handelt (dazu *Simma*, „Reflections on Article 60 of the Vienna Convention on the Law of Treaties and Its Background in General International Law", 20 [NF] ÖZöR [1970], 5 ff.), anwenden ließ, müßte nämlich gegebenenfalls auch zur Anwendung von Art. 31 und 32, also der Interpretationsregeln, führen. Kann die WVK doch „in many respects" be considered as a codification of existing customary law on the subject". — Vgl. im übrigen auch noch zum Problem der Artikel 31 und 32 WVK *Reuter*, Introduction au droit des traités (1972), 101 ff.; *Maresca*, Il diritto dei trattati (1971), 331 ff.

[5] Die Frage nach dem etwaigen Ursprung im oder den allfälligen Zusammenhang mit innerstaatlichen Rechtsordnungen kann hier nicht behandelt werden und soll daher auch gar nicht gestellt werden. Es gilt, was *Bernhardt*, Auslegung (1963), 2, gesagt hat: „Die Zulässigkeit einer besonderen Betrachtung der Vertragsauslegung im Völkerrecht wird dadurch bestätigt, daß zwar nicht selten die ältere Theorie, umso seltener aber die in der internationalen Praxis zur Vertragsauslegung aufgerufenen Parteien und Gerichte Auslegungsgrundsätze des traditionellen Rechts ausdrücklich zu Hilfe rufen. Diese Zurückhaltung ist in der Tat gerechtfertigt, denn die Übertragung von Auslegungsmaximen des staatlichen Rechts setzt eine umfassende Bestandsaufnahme dieser Maximen voraus, die zur Zeit weder für einzelne Rechtsordnungen noch auf rechtsvergleichender Ebene vorliegt noch vielleicht überhaupt möglich ist." 1 f. Allerdings darf nicht übersehen werden, daß das Völkerrecht wesentlich stärker von Grundsätzen des Privatrechts beeinflußt ist, als allgemein angenommen wird; darauf hat übrigens schon *Lauterpacht*, Private Law Sources and Analogies of International Law (London 1927), hingewiesen.

[6] Vgl. den Kommentar zum *ILC-Draft*, loc. cit., 218: "But the question raised by jurists is rather as to the non-obligatory character of many of these principles and maxims."

rechtlicher Verträge und damit von Relevanz für das Völkerrecht überhaupt, also eine rechtlich erhebliche Aussage ist. Da dies aber auch für die Aussage: „Interpretationsregeln haben keinen völkerrechtlichen Normcharakter" gilt, ist damit noch nichts über die rechtliche Qualifikation dieser Regeln gewonnen. In Zusammenhang mit dem von uns im Zweiten Teil Dargelegten kann daher von vornherein nur für jene „Interpretationsregel" Verbindlichkeit reklamiert werden, die einen Appell an den Vernunftwillen der Parteien oder sonstiger etwaig zur „Auslegung" berufener Instanzen darstellt[7].

Es kann nämlich nicht bestritten werden, daß alle völkerrechtlichen Verträge *bona finde* auszulegen sind[8], willkürliche Auslegung hingegen ausgeschlossen ist. Der das Völkerrecht — wie *Vattel* gesagt hat[9] — durchwaltende Grundsatz von Treu und Glauben fordert nämlich zwingend, daß man sich dem Verständnis des Textes nicht durch Zurückgreifen auf Spitzfindigkeiten entziehe. Die *bona findes*-Regel ist also tatsächlich *verbindlich*. Sie ist aber — und darum haben wir von ihr als von einer „Interpretationsregel" nur unter Anführungszeichen gesprochen —, wie wir schon im Zweiten Teil gezeigt haben, keine *Auslegungsregel*, weil sie nicht einen Weg zum Verstehen des Textes erschließt, sondern bloß vorschreibt, das jeweils (aber bereits) Verstandene auch *anzunehmen*. Immerhin haben wir damit zumindest *eine* notwendige Regel, die völkerrechtlichen Normcharakter besitzt und im traditionellen Sinn zum Interpretationskanon gerechnet wird. Soweit dieser dagegen auch bloß hermeneutische Regeln enthält, ist ihm der völkerrechtliche Normcharakter insoweit abzusprechen. Dagegen kommt jener (allenfalls auch: jenen) Regel(n) ein solcher Charakter zu, die sich unter der falschen Flagge der Hermeneutik im Interpretationskanon der WVK finden, in Wahrheit aber ein politisches Ziel anpeilen. Ihre Existenz wird allerdings erst festzustellen sein.

Während wir also von vornherein nur einer kleinen Zahl von Interpretationsregeln — und noch dazu nur den uneigentlichen — Normcharakter zusprechen können, hat die ILC (hier noch ganz der traditionellen Methodologie verhaftet[10]) in ihrem Entwurf für eine Ver-

---

[7] Vgl. oben, Zweiter Teil, IV, C, Anm. 51 f.
[8] Das ergibt sich schon aus dem in Art. 26 WVK *(pacta sunt servanda)* bekräftigten Grundsatz „Every treaty in force is binding upon the parties to it and must be performed by them in *good faith*". (Hvhbg. vom Verf.) Vgl. dazu den Kommentar zum *ILC-Draft*, 219, wo es heißt, die Auslegung von Verträgen nach Treu und Glauben sei entscheidend, wenn der obengenannte Grundsatz überhaupt eine Bedeutung haben soll.
[9] Quaestionum iuris publici libri duo (1737), II, Kap. 10, wo es heißt: „... pacta privatorum tuetur ius gentium, pacta principum *bona fides*. Hanc si tollis, tollis inter principes commercium ... quin et tollis ipsum ius gentium." Zit. nach *Verdross*, Völkerrecht (5. Aufl. 1964), 131.

tragsrechtskonvention[11] einen umfassenden Interpretationskanon vorgesehen und ist damit nur bekannten Beispielen: der Resolution der Siebenten Internationalen Konferenz Amerikanischer Staaten von 1933[12], dem *Harvard-Draft* von 1935[13], der Resolution des *Institut de droit international* aus 1956[14] und dem *Restatement Second of the Foreign Relations Law of the United States* von 1962[15] gefolgt. Bezeichnend für das Verhaftetsein in der traditionellen Methodologie ist auch der Umstand, daß kein Staat auf der Wiener Vertragsrechtskonferenz 1968/69 die ersatzlose Streichung der Interpretationsartikel gefordert hat. Daß es sich in den Augen der Beteiligten dabei nicht bloß darum gehandelt hat, um der Rechtssicherheit willen irgendwelche beliebige Interpretationsregeln konstitutiv festzulegen, ergibt sich schließlich daraus, daß in der Kommission wie auf der Konferenz mit einer Zähigkeit, die einer besseren Sache würdig gewesen wäre, um die Formulierung der Artikel, insbesondere um das Verhältnis der verschiedenen Interpretationsregeln zueinander, gerungen worden ist. Dies zeigt, daß die meisten Mitglieder der ILC und der auf der Konferenz anwesenden Staatenvertreter eine stark ausgeprägte Meinung über die Existenz und die Stellung der verschiedenen Interpretationsregeln im Rahmen des Vertragsrechts besaßen. —

Haben wir nunmehr die erste Frage im teils affirmativen, teils negativen Sinn beantwortet, so können wir uns nun der zweiten Frage zuwenden. Welche Interpretationsregeln hat die WVK mit völkerrechtlichem Normcharakter umgeben wollen? Bevor wir aber diese Frage beantworten, wollen wir versuchen, auf ein Problem hinzuweisen, das sich in der Diskussion um die Vertragsinterpretation im Völkerrecht

---

[10] Was umso unverständlicher ist, als die Gefahr, die sich aus der Anwendung der von ihr erarbeiteten „Interpretationsregeln" ergibt, schon früher erkannt und z. B. von *Lord McNair* klar ausgesprochen worden ist: "From the time of Grotius onwards ... successive generations of writers, ... of arbitrators and judges, have elaborated rules for the interpretation of treaties ... One result of this activity has been to obscure the main task of any tribunal ... [:] the duty of giving effect to the ... intention of the parties ... Another result of this activity is that ... a danger exists that a tribunal may be diverted from its true task ... into a wilderness of conflicting decisions of tribunals and opinions of writers ..." The Law of Treaties (1961), 364 ff.

[11] UN Doc. A/6309/Rev. 1, YBILC 1966 II, 217 ff.

[12] Dreizehn Artikel betreffend „The Interpretation of Treaties", 29 AJIL (1935 Suppl.), 1225, wurden von der Konferenz am Weihnachtsabend 1933 durch eine Resolution angenommen und an die *International Commission of American Jurists* zum Studium weitergeleitet.

[13] "Draft Convention on the Law of Treaties, with Comment", 29 AJIL (1935 Suppl.), 643 ff., bes. 937 ff. (Art. 19).

[14] 46 Annuaire de l'Institut de droit international (1956), 364 f.

[15] Part III (International Agreements), Chapter 4 (Interpretation of International Agreements), Sects. 146 ff.

hartnäckig hält, wie selbst die Debatten innerhalb der ILC und auf der Vertragsrechtskonferenz bewiesen haben[16]. Als eine Kernfrage des Interpretationsproblems im Völkerrecht wird nämlich jene angesehen, ob ein Vertrag nach seinem Text oder nach dem „wahren" Willen der Parteien ausgelegt werden soll[17].

Um hier einem Mißverständnis vorzubeugen, muß darauf hingewiesen werden, daß es sich hierbei nicht um eine exakte völkerrechtliche Entsprechung zur bekannten Fragestellung nach dem Erkenntnisziel zur Auslegung — Wille des Gesetzgebers (hier: der Parteien) oder normativer Gesetzessinn (hier: Vertragssinn) — handelt. Traditionellerweise versteht man nämlich unter der subjektiven oder Willenstheorie jene, die die Erforschung des historisch-psychologischen Willens des Normsetzers (Hier: der Vertragsparteien) im Auge hat, während die objektive Theorie oder Theorie der immanenten Normdeutung die Erschließung des der betreffenden Regelung innewohnenden vernünftigen Sinns, des immanenten Gesetzessinns (hier: Vertragssinn) für das Ziel der Auslegung hält[18]. Im Gegensatz dazu wird bei dem von uns zuerst angezogenen völkerrechtswissenschaftlichen Streit nicht in Frage gestellt, daß das Ziel der Auslegung das von den Parteien ursprünglich Gewollte ist. Die beiden genannten Auffassungen unterscheiden sich vielmehr hinsichtlich der Beantwortung der Frage, was alles zur Ermittlung dieses Willens herangezogen werden dürfe. Nicht: subjektiver Zweck des Normsetzenden (hier: der Vertragsparteien) gegen objek-

---

[16] Darauf zielt wohl auch eine Bemerkung von *Bartoš* im 765. *Meeting* der ILC hin, „[t]he draft articles were based on the general concept, so dear to the English school of legal thought, that interpretation meant interpretation of the text rather than of the spirit of a treaty".

[17] Wie weit verbreitet diese in mehrfacher Hinsicht schiefe Fragestellung ist, zeigt der Umstand, daß sogar Theorien über die verschiedene Haltung von internationalen Gerichten und Schiedsgerichten in dieser Frage entwickelt wurden. So haben *Bülck*, „Vertragsauslegung", WV III (2. Aufl. 1962), 548, und *Neri*, Sull'interpretazione dei trattati nel diritto internazionale (1958), 136 ff., die Behauptung aufgestellt, ad hoc gebildete Schiedsgerichte neigten eher zur Feststellung des „wahren" Willens der Parteien, dauernd institutionalisierte Gerichte hingegen zu einer „objektiven" Interpretation. Dahinter steht offenbar die Vorstellung, ad hoc gebildete Schiedsgerichte seien sich mehr als institutionalisierte Gerichte des Umstandes bewußt, daß sie in ihrer Existenz und Tätigkeit vom guten Willen der Parteien abhängig sind. — Vgl. dazu *Bernhardt*, Auslegung (1963), 52 f., mit Verweisung in Anm. 253 auf die gegenüber der vorgenannten ablehnende Haltung *De Visschers* in dessen Problèmes d'interprétation judiciaire en droit international public (1963), 118.

[18] „[Es] ergibt sich, daß das Verstehen von Rechtstexten immer schon ‚subjektiv' ist, insoferne es von der Subjektivität des Urteilers und von der Ansicht, die der Urteiler von den extrapositiven Rechtsphänomenen und dem Rechtsprinzip gewinnt, nicht abgetrennt werden kann. Es ist aber immer auch ‚objektiv', insoferne eben diese ‚Sache Recht' immer auch die Ansicht des Urteilers mitbestimmt, da ohne sie auch eine Ansicht von ihr nicht denkbar wäre." *Hruschka*, Das Verstehen von Rechtstexten (1972), 94.

tivierten allgemeinen Rechtswillen ist hier die Parole, sondern lediglich: Beschränkung der Erkenntnisgrundlage des Normzwecks auf den Vertragstext allein[19] oder Verbreiterung der Erkenntnisbasis über den Vertragstext hinaus[20]. Es handelt sich also um eine Diskussion, die im Völkerrecht, das keine rechtsstaatliche Bindung an ein Gesetz im Sinne einer formell in bestimmter Weise gefaßten Regelung — in unserem Fall: an einen Vertragstext — kennt, durchaus legitim ist. Zu welchem Ergebnis die WVK hinsichtlich dieses Problems gekommen ist, wird in der Folge, bei der Darstellung der Rolle, die Art. 32 den *travaux préparatoires* im Verfahren zur Auslegung von Verträgen zuweist, erkennbar werden.

III. Der Interpretationskanon der Wiener Vertragsrechtskonvention

Für dieses Auslegungsverfahren nun enthält die WVK einen völkerrechtlichen „Interpretationskanon" in den Artikeln 31 und 32. Es soll daher zuerst eine Analyse dieser Bestimmungen versucht werden. Hand in Hand mit ihr muß aber eine Bewertung der in der WVK zum Interpretationsproblem angebotenen Lösung gehen. Damit wird sich ergeben, was *in concreto* an den Bestimmungen der Artikel 31 und 32 für den relevant sein wird, der einen völkerrechtlichen Vertrag im Lichte dieser Bestimmungen zu verstehen bzw. auszulegen hat.

A. Die Grundregel

Die WVK geht in Art. 31 davon aus, daß es für die Interpretation völkerrechtlicher Verträge nur eine Grundregel von allgemeiner Gültigkeit gibt.

---

[19] Auf die Vorzüge des *textual approach* hat u. a. der britische Vertreter *Sinclair* im 33. *Meeting* des CWh hingewiesen, etwa für die Beantwortung von Fragen, an die die Parteien beim Vertragsabschluß überhaupt nicht gedacht hätten und „had absolutely no common intention with regard to [them]". UN Doc. A/CONF. 39/C. 1/SR. 33. Darüber hinaus gebe es zahlreiche Fälle, wo die Parteien sich zu einer bestimmten Frage zwar auch keine gemeinsame Auffassung gebildet hätten, doch jede Partei die Angelegenheit in der Hoffnung habe ruhen gelassen, die Frage würde, sollte sie in der Praxis überhaupt jemals strittig werden, in ihrem Sinn entschieden werden. — Daß es auch hier offenbar nicht um hermeneutische, sondern um — wenngleich durch lange Tradition vielleicht bereits unbewußt gewordene — politische Anliegen geht, die den *common lawyer Sinclair* für den *textual approach* Stellung beziehen lassen, zeigt der Umstand, das *Larenz*, Methodenlehre (3. Aufl. 1975), 229, den Sitz dieser Haltung ins positive Recht verweist: „Das englische Recht kennt ein, *auf Gewohnheitsrecht beruhendes*, dem Kontinentalen fast unverständliches Verbot der historischen Gesetzesauslegung." (Hvhbg. vom Verf.)

[20] Offenbar in diese Richtung zielt auch *Bernhardt*, wenn er sagt (Auslegung [1963], 58): „Selbstgenügsamkeit des (vermeintlich oder wirklich) klaren Vertragstextes oder umfassende Suche nach dem Gewollten — das sind die Grundpositionen."

Dies ist von mehrfacher Bedeutung. Erstens heißt es, daß die Konvention — jedenfalls was die Auslegung anlangt — nicht zwischen rechtssetzenden Verträgen (den Vereinbarungen, sog. *law making-treaties*) und rechtsgeschäftlichen Verträgen (völkerrechtlichen Kontrakten, sog. *treaty contracts*) unterscheidet[21]. Das mag fürs erste überraschen, vor allem, wenn man dies mit innerstaatlichen Auslegungsregelungen vergleicht.

Nehmen wir z. B. das österreichische ABGB. Was die Auslegung von Gesetzen, also generell-abstrakter Normen, anlangt, so ist dieselbe durch den § 6 geregelt. Für die Auslegung von Verträgen kommen hingegen in erster Linie die §§ 914 und 915 in Frage. Für sie ist also im ABGB jedenfalls formell eine besondere Regelung vorgesehen.

Trotzdem ist der Unterschied zwischen innerstaatlichem und Völkerrecht auch hier nicht so groß, wie man fürs erste annehmen könnte. Im Gegenteil: Zieht man den Umstand in Betracht, daß der § 914 ABGB 1. Satz in seiner alten Fassung wie folgt gelautet hat:

„Die im ersten Teil (§ 6) in Hinsicht auf die Auslegung der Gesetze angeführten allgemeinen Regeln gelten auch für Verträge"[22],

und schließt man sich der Auffassung des Kommentators[23] an,

„[daß] die Verweisung auf die Vorschriften über Gesetzesauslegung verblüffenderweise zum gleichen Ergebnis [führt] wie der [durch die Dritte Teilnovelle] novellierte § 914",

so verschwindet der Unterschied zwischen innerstaatlichem Recht und Völkerrecht in diesem Bereich wiederum vollends. Die unterschiedslose Behandlung von rechtssetzenden und rechtsgeschäftlichen Verträgen durch die WVK dokumentiert damit nur, um nochmals den Kommentar zu zitieren[24],

„die tiefe Einsicht, daß die Auslegung bei Gesetz und Rechtsgeschäft im wesentlichen dieselbe Aufgabe hat"[25].

Neben diesem Ergebnis kommt dem Umstand, daß die WVK nur eine Grundregel für die Auslegung kennt, darüber hinaus noch Bedeutung für die Frage zu, ob die Konvention selbst die Interpretationsregeln in

---

[21] Vgl. zu dieser Unterscheidung *Verdross*, Völkerrecht (5. Aufl. 1964), 143.
[22] Zit. in *Klang / Gschnitzer*, Kommentar zum Allgemeinen bürgerlichen Gesetzbuch (2. Aufl.) IV/1 (1968), 400.
[23] *Gschnitzer, ibid.*
[24] *Ibid.*
[25] Andere Auffassung bei *Cavaré*, Le droit international public positif II (1962): „En droit interne des règles ont été progressivement élaborés. Elle différent pour les contracts et pour les lois"; ohne daß der Autor diese Behauptung aber substantiiert.

eine gewisse Rangordnung bringen will; und wenn ja, in welche. Darauf wird etwas später eingegangen werden.

Auf die Einzigkeit der Grundregel weist schon der Titel des Art. 31 — „General rule of interpretation"[26] —, also die Verwendung des Singulars „rule" anstelle des Plurals „rules", hin[27].

Diese Regel lautet:

„Ein Vertrag ist nach Treu und Glauben in Übereinstimmung mit der gewöhnlichen, seinen Bestimmungen in ihrem Zusammenhang zukommenden Bedeutung und im Lichte seines Zweckes und Zieles auszulegen."

Die Grundregel, die uns in der Tat an § 6 ABGB erinnert, aber auch an das Moment der „Redlichkeit", das in § 914 für die Auslegung von Verträgen reklamiert wird[28], läßt sich in verschiedene Elemente zerlegen.

1. Die Pflicht zur bona fides

Zum ersten verweist sie auf die Verpflichtung zur Beobachtung der bona fides. Wie wir gesehen haben, handelt es sich hierbei nur um eine *uneigentliche* Auslegungsregel. Obzwar sie sich im Grunde von selbst versteht, wurde ihre ausdrückliche Aufnahme doch als ausreichend wichtig erachtet, um von vornherein jedem Versuch einer Partei, einen Vertrag in spitzfindiger Weise zum Nachteil ihres(r) Partner(s) auszulegen, selbst den Schein der Rechtmäßigkeit zu nehmen.

Das latente Unbehagen mit den Ergebnissen der herkömmlichen Methodologie auf dem Interpretationssektor hat auf der Konferenz dazu geführt, daß dieser Teil der Grundregel, also die Verpflichtung zu einem Vorgehen *bona fide*, mehrfach sogar als ausreichend angesehen wurde. Treu und Glaube, so wurde gesagt, verpflichte die Parteien nicht nur ganz allgemein, bei der Vertragsauslegung nicht willkürlich vorzugehen und vom „wahren" Sinn des Vertrages wissentlich abzuweichen, sondern verhalte die Parteien auch dazu, solche Interpretationsmittel heranzuziehen, die geeignet seien, den Sinn des Vertrages auch tatsächlich zu ermitteln[29]. Damit stelle die Verpflichtung, bei der Inter-

---

[26] „Allgemeine Auslegungsregel" in der von den deutschsprachigen Staaten gemeinsam erarbeiteten, noch inoffiziellen Übersetzung der WVK, auf die auch in der Folge für den deutschen Text gegriffen wird.

[27] Diese Auffassung findet auch im Kommentar zum *ILC-Draft*, Art. 27, loc. cit., 219, Stütze, wo es heißt: "The Commission, by heading the article 'General rule of interpretation' in the singular ... intended to indicate that the application of the means of interpretation in the article would be a singled combined operation."

[28] Hier dem auf diesen Punkt schon beinahe insistierenden BGB folgend; vgl. *Gschnitzer*, im Kommentar zum ABGB IV/1 (1968), 399 f.

[29] Insoweit hier von „Interpretationsmittel", nicht etwa von „Interpretationsregeln" die Rede ist, ist diese Auffassung zu bejahen; leitet sie doch

pretation nach Treu und Glauben vorzugehen, gleichzeitig eine formelle und eine materielle Bestimmung dar.

Dieser Auffassung, daß der Hinweis auf Treu und Glauben für Interpretationszwecke ausreichend sei, stand jene entgegen, welche davon ausging, daß man bei einer Beschränkung auf die Nennung des Grundsatzes der *bona fides* gleich von der Aufnahme einer Interpretationsregelung in die Konvention absehen könne, weil ein Vorgehen *bona fide* im Völkerrecht ohnedies immer präsumiert werden müsse. Von dieser letzteren, durchaus richtigen Einsicht[30] ausgehend, zogen die Verfechter dieser Auffassung aber den von der herkömmlichen Methodologie bestimmten Schluß, daß — solle die Konvention zur Implementierung, nicht bloß zur Wiederholung dieses Grundsatzes führen — es notwendig sei, auch zu sagen, welche konkreten Interpretationsweisen diesem Grundsatz von Treu und Glauben tatsächlich entsprächen.

Wenn daher die Grundregel für die Auslegung völkerrechtlicher Verträge im Sinne dieser zweiten Auffassung weitere Elemente enthält, die bestimmen sollen, was als Interpretation *bona fide* anzusehen sei, so ist dies auf die verfehlte Vorstellung zurückzuführen, den Parteien könne im Wege von „Interpretationsregeln" eine „richtige" Ansicht von der Sache vorgeschrieben werden, die der betreffende Vertrag zum Gegenstand hat.

2. Die ordinary meaning-rule

Das wichtigste dieser Elemente — und formal im Gegensatz zu den folgenden das allein eigenständige — ist die sog. *ordinary meaning-rule*[31]. Diese „gewöhnliche" Bedeutung der im Vertrag gebrauchten Worte — in einem früheren Entwurf war von der „natürlichen" Bedeutung die Rede gewesen[32] — ist aber nicht isoliert festzustellen: aus-

---

aus der Verpflichtung zum Vorgehen *bona fide* gerade keine bestimmten „Auslegungsregeln" ab.

[30] Und auch von uns geteilten; vgl. oben, II, samt Anm. 9.

[31] Schon in der Judikatur des Weltgerichtshofs hat die „natürliche" oder „gewöhnliche" Bedeutung eines Wortes eine Rolle gespielt. Vgl. dazu das Urteil des StIG im *Chorzow-Fall*, Zuständigkeit in der Entschädigungsfrage, PCIJ-Publications (1927), Ser. A, No. 9, 24; im *Lotus-Fall*, PCIJ-Publications (1927), Ser. A, No. 10, 16; dann im *Polnische Kriegsschiffe im Hafen von Danzig-Fall*, PCIJ-Publications (1931), Ser. A/B, No. 43, 142 f.; schließlich im *Deutsche Interessen in Oberschlesien-Fall*, PCIJ-Publications (1926), Ser. A, No. 7. Vgl. dazu auch das Gutachten des IG über die *Zuständigkeit der GV zur Aufnahme in die VN*, ICJ-Reports 1950, 8.

[32] Vgl. den Dritten Bericht *Sir Humphrey Waldocks*, YBILC 1964/II, 52. Hier waltete offenbar die Vorstellung, wie die Sache eine „Natur", so habe sie auch — wegen der grundsätzlich allgemeinen Zugänglichkeit und wesentlichen Erfaßbarkeit dieser Natur — im allgemeinen Sprachgebrauch eine „natürliche" Bedeutung. Zur dahinter stehenden juristischen Problematik vgl. *Schambeck*, „Der Begriff der ‚Natur der Sache' ", 10 (NF) ÖZöR (1960), 452 ff.; *ders.*, Der

drücklich wandten sich der Schöpfer des *ILC-Drafts* und *Expert Consultant* der Konferenz[33] sowie einzelne Delegierte gegen die Auffassung, die „gewöhnliche" Bedeutung eines Wortes könne zum Zwecke der Vertragsauslegung in erster Linie durch Nachschlagen im Wörterbuch ermittelt werden[34]. Sie ergibt sich vielmehr aus dem Textzusammenhang[35] im Lichte von Zweck und Ziel des betreffenden Vertrags. Dies wird noch durch die in Art. 31 Zif. 4 niedergelegte — wenngleich überflüssige, da selbstverständliche — Bestimmung unterstrichen, daß einem Wort dann eine besondere, d. h. von der „gewöhnlichen" abweichende Bedeutung beizulegen sei, wenn es feststehe, daß die Parteien dies beabsichtigt hätten[36].

Liest man die beiden Bestimmungen — also Art. 31 Zif. 1 und Art. 31 Zif. 4 — zusammen, so gilt, daß zuerst auf die „gewöhnliche" Bedeutung eines Wortes zurückzugreifen ist. Hat ein Wort mehrere solcher „gewöhnlicher" Bedeutungen, so ist sodann jene zu wählen, die sich sinnvoll in den Textzusammenhang einfügt, und auf die der im Vertrag geregelte Gegenstand und der mit dem Vertrag angestrebte Zweck — wie die Konvention sagt: Zweck und Ziel des Vertrages — hinweisen. Schließlich ist zuletzt anstelle der „gewöhnlichen" eine besondere Bedeutung eines Wortes anzunehmen, wenn die Parteien dies beabsichtigten. Dies hat wohl nicht bloß bei ausdrücklichem diesbezüglichen Hinweis[37], sondern auch dann zu erfolgen, wenn die Sonderbedeutung allein zu einem sinnvollen Ergebnis der Auslegung führt.

Begriff der „Natur der Sache". Ein Beitrag zur rechtsphilosophischen Grundlagenforschung (1964); sowie die in dem von *Kaufmann* hrsg. Sammelband, Die ontologische Begründung des Rechts (1965), enthaltenen Beiträge.

[33] *Sir Humphrey Waldock* im 33. *Meeting* des CWh, UN Doc. A/CONF. 39/C. 1/SR. 33: "... nothing could have been further from the Commission's intention than to suggest that words had a 'dictionary' or intrinsic meaning in themselves ..."

[34] Etwa der griechische Vertreter *Krispis* im 32. *Meeting* des CWh, UN Doc. A/CONF. 39/C. 1/SR. 32.

[35] So auch das ILC-Mitglied *de Luna* im 870. Meeting der ILC, YBILC 1966 I/2, 185: "... terms had an ordinary meaning only in the context in which they were used. The meaning of words was dependent on their context ..." Entsprechend auch *Rosenne*, ibid., 188: "Words had no ordinary or mutual meaning in isolation from their context and other elements of interpretation."

[36] In diesem Sinn sagte Richter *Kaufmann* in Lisi v. Alitalia, 370 F. 2 d 508 (2 d. Cir. 1966): "It is apparent that Alitalia relies on a literal reading of the [Warzaw] Convention [1929] for its assertions. We reject the interpretation it urges upon us. While it is true that the language of the Convention is relevant to our decision, it must not become ... a 'verbal prison' ... The task of ascertaining the meaning of the words is difficult, and one certain way of misinterpreting them is by literal reading. As Learned Hand put it, 'words are such temperamental beings that the surest way to lose their essence is to take them on their face'."

[37] Etwa in einem Artikel „Use of terms".

In diesem Fall kann nämlich die entsprechende Absicht der Parteien präsumiert werden.

Zur *ordinary meaning-rule* treten akzessorisch zwei nähere Bestimmungen hinzu. Der Vertrag, so sagt Art. 31 Zif. 1, sei nämlich nach jener gewöhnlichen Bedeutung auszulegen, die den Wörtern[38] erstens in ihrem Zusammenhang und zweitens im Lichte von Zweck und Ziel des Vertrages beizulegen ist[38a].

3. Object and purpose

Wir gehen zuerst kurz auf letzteren Teil der Bestimmung ein. Die Formel „object and purpose of a treaty" ist zuerst durch den IG im Rechtsgutachten über die *Zulässigkeit von Vorbehalten zur Völkermordkonvention* aus 1951[39] berühmt gemacht worden. Sie gehört seit damals zum stehenden Repertoire der Vertragsrechtssprache vor allem in Zusammenhang mit Vorbehalten, taucht aber auch in anderen Zusammenhängen — wie hier bei der Vertragsauslegung — immer wieder auf.

Ihr Nutzen ist hier allerdings weitaus geringer. Zwar kann kein Zweifel bestehen, daß in bestimmten, im Laufe des Interpretationsprozesses möglicherweise auftretenden Fällen die Vergegenwärtigung von Zweck und Ziel, dessen, was die Parteien mit dem Vertrag verwirklichen wollten, zur Auslegung einer bestimmten Wendung im Vertrag hilfreich sein kann. Andererseits aber kann Zweck und Ziel eines Vertrages, sobald man einmal das Auslegungsstadium erreicht hat, nach dem in der WVK gewählten *approach* zum Auslegungsproblem, legitimerweise ebenfalls nur jenen Anhaltspunkten entnommen werden, die der Vertragstext als Hinweis auf die von ihm intendierte Sache gibt.

---

[38] Während die (provisorische) Übersetzung der deutschsprachigen Staaten „Bestimmungen" gibt, hat der englische Text „terms", was wohl besser mit „Wörtern" oder „Termini" zu übersetzen wäre. Im übrigen war erst in der Endredaktion der ILC der Ausdruck „words" durch „terms" ersetzt worden, mit der Begründung, es handle sich in juristischen Texten nicht um Wörter schlechthin, sondern um solche der Rechtssprache, also um *termini technici*. Dem ist entgegenzuhalten, daß auch in juristischen (hier: in Vertrags-) Texten nur ein verschwindend kleiner Prozentsatz von Wörtern vorkommt, die einer besonderen Rechtssprache angehören, während der weitaus überwiegende Teil aller verwendeten Wörter in Gebrauch und Bedeutung der Alltagssprache entnommen sind. Da auch diese „auszulegen" sind, hätte man beim ursprünglichen Ausdruck „words" bleiben sollen.

[38a] In diesem Zusammenhang wies der polnische Delegierte *Nahlik* im 32. Meeting des CWh darauf hin, daß der Vorwurf nicht zutreffe, die ILC habe zugunsten des *textual* den *intentional* und den *functional approach* der Interpretation vernachlässigt. Vielmehr müsse im Element des „Zusammenhanges" ein Hinweis auf den *international*, im Element des „Zweckes und Zieles" ein Hinweis auf den *functional approach* gesehen werden.

[39] ICJ-Reports 1951, 15 ff., bes. 24.

Dieser Art hier auftretenden hermeneutischen Zirkels[40] ist mit bloßer Auslegung des Vertragstextes *allein* nicht beizukommen. Muß aber das Ergebnis — oder besser: ein Ergebnis — des Interpretationsverfahrens (nämlich die von den Parteien mit dem Vertrag verfolgte Absicht) zum Zwecke eben dieser Interpretation schon vorweg als feststehend angenommen und damit vorausgesetzt werden, so zeigt sich, daß der Hinweis auf *object and purpose* im Rahmen der von der WVK gebotenen Auslegungsgrundregel den Interpretationskanon der Konvention durchbricht, weil Zweck und Ziel eines Vertrages eben gerade nicht unter Anwendung dieses Kanons gewonnen werden können.

4. Der Zusammenhang

Im Gegensatz dazu ist der Hinweis darauf, daß die „gewöhnliche" Wortbedeutung den Zusammenhang zu berücksichtigen hat, eine „echte" Interpretationsregel[41]. Wie schwer man sich dabei im Rahmen der herkömmlichen Methodologie mit der adäquaten Formulierung hermeneutischer „Regeln" tut, zeigt das krampfhafte Bemühen um die rechte Bedeutung dieses Wortes — *context*/Zusammenhang — im Rahmen des Auslegungskanons der WVK. Das Ergebnis dieser Bemühungen klar zu machen, erscheint um so notwendiger, als der „Zusammenhang" hierbei offenbar zu einer von der „gewöhnlichen" Bedeutung abweichenden, also besonderen Bedeutung gekommen ist.

---

[40] Hier sei noch ein kurzes Wort zu einem der Liebkinder der hermeneutischen Überlegungen im allgemeinen und damit auch der Überlegungen zur „juristischen" Hermeneutik im besonderen, dem sog. hermeneutischen Zirkel, gesagt. Wie häufig, so ist auch hier der Ausdruck nicht viel mehr als eine Chiffre, unter der alles Mögliche verstanden wird. Bei *Gadamer*, Wahrheit und Methode (2. Aufl. 1965), 250 ff. und *passim*, handelt es sich beim hermeneutischen Zirkel um die Wechselwirkung zwischen dem Verstehen des Teils aus dem Ganzen und dem Ganzen aus den Teilen. Bei *Larenz*, Methodenlehre (3. Aufl. 1975), 183 ff. und *passim*, hingegen geht es nicht bloß um die Wechselwirkung zwischen dem Ganzen und seinen Teilen, sondern auch um einen Beitrag des Verstehenwollenden, der jeweils aufgrund des letzten Eindrucks einen neuen „Vorwurf" des zu Verstehenden macht (hermeneutische Spirale). So oder so ist aber der hermeneutische Zirkel, derart verstanden, ein vitioser. In Wahrheit ist auch eine *Teilansicht* immer die *Ansicht* der betreffenden Sache schlechthin und insoweit *der Sache als Ganzen*, die sich so in ihrer immanenten Vernünftigkeit erschließt. Will man hier ein Bild heranziehen, so könnte man sagen: linear (was den Erkenntnisvor- bzw. -fortgang anlangt); dimensional (was die Sache betrifft). Das Bild des Zirkels oder der Spirale ist dagegen verfehlt. — Nur das Verstehen der Sache, von der der Text handelt, führt zu dessen Verstehen als Ganzem und in seinen Teilen. An ihr hat sich daher auch die Auslegung zu orientieren.

[41] Auf sie hat u. a. der IG in seinem Gutachten betreffend die *Zusammensetzung des Maritime Safety Committee der IMCO*, ICJ-Reports 1960, 150 ff., auf 158, hingewiesen: "[A] word obtains its meaning from the context in which it is used. If the context requires a meaning which connotes a wide choice, it must be construed accordingly, just as it must be given a restrictive meaning if the context in which it is used so requires."

Im allgemeinen versteht man nämlich unter „Zusammenhang" in Verbindung mit einem Text die Stellung eines Wortes oder einer Wortgruppe im Satz oder im gesamten Text des Vertrages[42]. Das Wort *context* — wie es in Art. 31 WVK gebraucht wird — geht aber weit über diese Bedeutung hinaus. Zwar umfaßt auch dieser *context* den Text einschließlich der Präambel und allfälliger Annexe[43]; dazu kommen jedoch weiters alle zwischen den Parteien im Zusammenhang mit dem Vertragsabschluß sonst noch geschlossenen Übereinkommen[44] und alle darauf bezüglichen Erklärungen, soweit diese nur von allen Vertragsparteien als solche angenommen worden sind[45].

Damit wird die Bedeutung des Wortes „Zusammenhang" in dieser Bestimmung schon über den „gewöhnlichen" Sinn hinaus erstreckt. Die Grundinterpretationsregel der WVK will aber diese Bedeutung in Wahrheit noch weiter ausgedehnt wissen, ohne daß man allerdings gewagt hat, sich noch mehr vom gewöhnlichen Wortsinn zu entfernen. Art. 31 Zif. 3 bedient sich daher einer besonderen Konstruktion, um diesen Zweck zu erreichen. Formell stellt er sich nämlich als eine Ergänzung der in Ziff. 1 gegebenen Grundregel dar, materiell ist er aber tatsächlich eine weitere Ausdehnung der Bedeutung des Wortes *context*. Es sollen nämlich — wie die Bestimmung wörtlich sagt: „together with the context", tatsächlich aber als Teil desselben — ebenfalls noch in Berücksichtigung gezogen werden: alle dem Vertragsabschluß nach-

---

[42] So auch *Reuter* im 870. *Meeting* der ILC: "... the term 'context' meant the text of the treaty as a whole in its relation to a provision in particular."

[43] "That the preamble forms part of a treaty for purposes of interpretation is too well settled to require comment, as is also the case with documents which are specifically made annexes to the treaty." ILC-Draft, Kommentar, *loc. cit.*, 221. Dazu auch *You*, „L'interprétation des traités et le rôle du préambule des traités dans cette interprétation", 20 RDISPD (1942), 25 ff.

[44] Im *Ambatielos-Fall* war zwischen dem Vereinigten Königreich und Griechenland strittig, ob eine am selben Tag wie der zwischen ihnen geschlossene *Treaty on Commerce and Navigation* unterzeichnete Erklärung als Teil des Vertrags zu betrachten sei. Der IG entschied, daß „[t]he intention of the Declaration was to prevent the new Treaty from being interpreted [in a certain way] ... Thus, the provisions of the Declaration are in the nature of an interpretation clause, and, as such, should be regarded as an integral part of the Treaty, even if this was not stated in terms". ICJ-Reports 1952, 44.

[45] Der Text von Art. 31 Zif. 2 lit. b spricht von „any instrument ... made ... and accepted" (in der inoffiziellen Übersetzung der deutschsprachigen Staaten: „jede Urkunde ... abgefaßt und angenommen ..."); da es sich aber um einen einseitigen Akt bzw. einseitige Akte handeln muß, die erst der Annahme durch die anderen Parteien bedürfen, sind unter „instruments" wohl Erklärungen in Schriftform zu verstehen. Im übrigen ist die Übersetzung von „instrument" mit „Urkunde" unglücklich; nicht nur, weil die „gewöhnliche" Bedeutung von Urkunde gegenüber jener von „instrument" viel zu farblos ist, sondern auch deshalb, weil ein „instrument" u. U. aus mehreren Urkunden bestehen kann.

folgenden bezüglichen Abkommen zwischen den Parteien, jede einschlägige Vertragspraxis[46] und schließlich jede für die Beziehungen der Parteien untereinander relevante Norm des Völkerrechts überhaupt[47].

Der Grund dafür, daß diese Interpretationsobjekte formell außerhalb des „Zusammenhanges" bleiben, wenngleich sie gemeinsam mit ihm heranzuziehen sind, liegt wohl darin, daß man nicht als Zusammenhang eines Vertrags bezeichnen wollte, was zum Zeitpunkt des Vertragsabschlusses noch nicht (nämlich die nachfolgenden Abkommen und die Anwendungspraxis) oder noch nicht notwendigerweise (etwa jede relevante Völkerrechtsnorm) gegeben ist.

Damit ist der von der WVK intendierte Rahmen für eine völkerrechtliche Vertragsinterpretation prinzipiell abgesteckt. Die WVK verweist zum Zwecke der Auslegung grundsätzlich auf den/die von den Parteien gemeinsam erarbeiteten oder doch von allen angenommenen Text/Texte, daneben auf jene Praxis, die diesen Texten nachfolgt und als deren Ausgangspunkt wiederum diese Texte anzusehen sind, die damit zum A und O jeder Vertragsauslegung werden[47a].

Die insoweit in der WVK gegebenen Interpretationsregeln sind hermeneutische „Regeln". Über ihren Wert und ihre Verbindlichkeit ist durch diese Feststellung in Verbindung mit dem im Zweiten Teil Gesagten abgesprochen. Da sich kein hermeneutischer Interpretationskanon normieren läßt, fehlt es auch an der Möglichkeit, *in abstracto* über die Richtigkeit und Vollständigkeit dieser „Regeln" zu urteilen. Nur in Zusammenhang mit einem konkreten Fall kann sich erweisen, ob die „Interpretationsregeln" der WVK jeweils den Auslegungs- und Verstehensvorgang adäquat beschreiben.

---

[46] Was diese Praxis anlangt, so hält der Kommentar zum *ILC-Draft*, *loc. cit.*, 221, die Bedeutung derselben für „obvious; for it constitutes objective evidence of the understanding of the parties as to the meaning of the treaty". Mit Verweisung auf den *Russian Indemnity Case*, UNRIAA XI, 443, wo der Ständige Haager Schiedshof der Auffassung Ausdruck verlieh, daß l'éxecution des engagements est, entre États, comme entre particuliers, le plus sûr commentaire du sens de ces engagements". Vgl. auch CIC can. 29: „Consuetudo est optima legum interpres."

[47] Frühere Entwürfe hatten auf die zur Zeit des Vertragsabschlusses bestehenden Völkerrechtsnormen abgestellt; einer Kritik im Rahmen der ILC folgend (vgl. YBILC 1966 I/2, 185, und *passim*), hat *Sir Humphrey Waldock* die zeitmäßige Fixierung solcher Normen fallen lassen. Daß es sich hiebei nicht um „general rules of international law", wohl aber um solche handeln muß, die zwischen den bzw. für die Parteien des Vertrags gelten („‚common' to the parties"), hat *Tsuruoka* im 871. *Meeting* der ILC, YBILC 1966 I/2, 197, richtig festgestellt.

[47a] Zum *textual approch* vgl. auch McDougal, „The international Law Commission's Draft Articles Upon Interpretation: Textuality Redivivus", 61 AJIL (1967), 992.

B. Ergänzende Auslegungsmittel

An diesem Punkt erhebt sich nun die Frage: Wie steht es um die Relevanz der vorausgehenden Praxis der Staaten, wie sie sich etwa in den *travaux préparatoires* niedergeschlagen hat oder in den Umständen des Vertragsabschlusses zum Ausdruck gekommen sein mag, für die Auslegung eines völkerrechtlichen Vertrags? Gegen ihre Einbeziehung wurde auf der Wiener Vertragsrechtskonferenz Sturm gelaufen. Als Grund hierfür wurde vor allem geltend gemacht[48], daß die erschwerte Zugänglichkeit dieses Materials es als wünschenswert erscheinen lasse, von seiner Benützung ganz abzusehen. Anderenfalls wären nämlich jene Staaten, die entweder von Anfang an Vertragsparteien seien oder sich doch die Materialien — wenngleich unter großen Kosten und Mühen — später zugänglich machen könnten, jenen in der Folge zu einem Vertrag hinzutretenden Staaten gegenüber im Vorteil, welche die entsprechenden Kosten nicht aufbringen könnten. Der Verzicht auf eine dem Vertragsabschluß vorangehende vertragsbezügliche Staatenpraxis, wie sie sich vor allem in den *travaux préparatoires* niederschlagen würde, habe daher eine Schutzfunktion zugunsten der neuen Staaten und der Staaten der Dritten Welt[49].

Allerdings muß man sagen, daß der Weg zu einer korrigierenden Auslegung eines für sich klaren Textes aufgrund gegenteiliger Schlüsse aus den *travaux préparatoires* schon vom StIG versperrt war[50]. Obwohl dessen Haltung in diesem Punkt innerhalb und außerhalb des StIG auf scharfe Kritik gestoßen ist, hat sie dennoch die weitere Judikatur des Weltgerichtshofs entscheidend beeinflußt[51] und ist auch sonst (zumeist mit Erfolg) gegen eine weitergehende Heranziehung solcher Materialien ins Treffen geführt worden[52].

---

[48] Es mag dahingestellt bleiben, inwieweit die Bemerkung *El Erians* im 873. *Meeting* der ILC, YBILC 1966 I/2, 204, zutrifft, der von „the bias of most English lawyers [und alle vier Berichterstatter der ILC für das Vertragsrecht können als English lawyers angesehen werden; Anm. des Verf.] against preparatory work" spricht. Vgl. dazu die bzgl. Stellungnahme von Seiten des Delegierten des VK, *Sinclair*: "... preparatory work was almost invariedly confusing, unequal and partial ... If preparatory work were to be placed on equal footing with the text of the treaty itself, there would be no end to debate at international conferences."

[49] Dem hielt *Tsuruoka* im 872. *Meeting* der ILC, YBILC 1966 I/2, 200, seine eigene Erfahrung entgegen, daß „States subsequently acceding to a treaty did not show any hesitation in making use of the preparatory work done at a conference in which they had not participated".

[50] Vgl. oben, Erster Teil, V, B, 1.

[51] Vgl. etwa das Gutachten des IG in der Frage der *Zusammensetzung des Maritime Safety Committee der IMCO*, ICJ-Reports 1960, wo es 159 f. heißt: "It is only if, when [the words are read in their natural and ordinary meaning they would normally have in their context], the words of the article are ambiguous in any way that resort be had to other methods of construction ..."

1. Die ihnen von der Wiener Vertragsrechtskonvention zugewiesene Rolle

Diese Auffassung hat sich schließlich auch auf der Wiener Vertragsrechtskonferenz durchgesetzt. In diesem Sinn bestimmt die WVK in ihrem Art. 32, daß man sich auf die *travaux préparatoires*, die Umstände des Vertragsabschlusses und überhaupt auf sog. ergänzende Auslegungsmittel nur dann zur Ermittlung des Sinns stützen dürfe[53], wenn dieser andernfalls dunkel oder mehrdeutig bliebe oder das Ergebnis offensichtlich[54] sinnwidrig oder unvernünftig wäre[55]. Darüber hinaus dürfen die Hilfsmittel der Vertragsauslegung nur dazu herangezogen werden, um das in Anwendung der bloßen Textauslegung erzielte Ergebnis zu bestätigen[56], nicht dagegen, um dieses zu korrigieren. Daß letzteres, also Korrektur des in Anwendung der Grundinterpretationsregel erzielten Ergebnisses durch ergänzende Auslegungsmittel, ausgeschlossen sein müsse, ist in der ILC immer wieder, zuletzt

---

[52] Hier läßt sich nach Auffassung des Verf. trefflich jene Stelle aus *Goethes* Faust, Erster Teil, zitieren, nach der sich „Gesetz und Recht wie eine ew'ge Krankheit" forterben und „Vernunft ... Unsinn, Wohltat Plage" wird, wenngleich der Dichter dabei wohl kaum Methodenfragen, vor allem jene der Auslegung, im Auge gehabt haben dürfte.

[53] Erfolglos wandten sich auf der Konferenz die VSt gegen eine Trennung der Bestimmungen von Art. 27 und 28 des Entwurfs (jetzt 31 und 32 der WVK), weil „the text of those articles, as adopted by the International Law Commission, embodied over-rigid and unnecessarily restrictive requirements"; dieses System „was ... not an expression of existing rules of international law".

[54] Wie sehr, verstrickt man sich im methodologischen Auslegungsgehege, selbst Offensichtliches umstritten und Nichtoffensichtliches zu Offensichtlichem erklärt werden kann, zeigt der Beschluß der Europäischen Menschenrechtskommission im *Iversen-Fall*, No. 1468/62, vom 17. Dezember 1963, 6 Jahrbuch (1963), 278, wo die Beschwerde mit 6 gegen 4 Stimmen als „manifestly ill-founded" zurückgewiesen wurde (wobei sich die Mehrheit aber in der Begründung nicht einig war). Stellt man in Rechnung, daß die Kommission in einem früheren Fall ausgesprochen hatte, „manifestly ill-founded" liege nur vor, wenn kein vernünftiger Mensch anderer Auffassung sein könne, so ist der Beschluß im *Iversen-Fall* für die Minderheit wenig schmeichelhaft, gleichzeitig aber auch ein Beweis dafür, wie schwierig es ist, mit den herkömmlichen Regeln zu Ergebnissen zu gelangen, die gegebenenfalls nicht zu einer Kongruenz von Offensichtlichem und Unsinnigem respektive Nicht-Offensichtlichem bzw. Nicht-Unsinnigem führen.

[55] *Tsuruoka* hat im 872. *Meeting* der ILC darauf hingewiesen, „that there was a certain lack of cohesion and logical sequence in articles [jetzt: 31 und 32 WVK; Anm. des Verf.]. If an interpretation had been made in conformity with the provisions of [jetzt Art. 31 und 32 WVK; Anm. des Verf.], that was not to say in the light of object and purpose of the treaty, it was difficult to see how it could lead to a result which was ‚manifestly absurd or unreasonable' in the light of the object and purpose of the treaty." Vgl. ganz allgemein hiezu *Briggs*, „The *Travaux Préparatoires* of the Vienna Convention on the Law of Treaties", 65 AJIL (1971), 705 ff.

[56] Vgl. den Kommentar zum *ILC-Draft*, loc. cit., 223.

auch im Kommentar zur endgültigen Fassung des Konventionsentwurfes[57], betont worden[58].

Man kann nun dieses Verbot des Art. 32, ergänzende Auslegungsmittel (außer unter ganz bestimmten Umständen) heranzuziehen, systemimmanent und systemtranszendent zu deuten versuchen.

Systemimmanent — also im Rahmen des Interpretationskanons der WVK — erhebt sich nämlich die Frage, was in diesem Fall die Heranziehung von Materialien aus der Zeit vor dem Vertragsabschluß überhaupt soll. Zur bloßen Stützung eines schon anderweitig gefundenen Ergebnisses sind sie ja offenbar entbehrlich, zu einer Korrektur hingegen ohnedies nicht zugelassen. Es scheint daher, daß die Bestimmung — so betrachtet — nichts anderes ist, als eine Konzession an das psychologisch verständliche Sicherheitsbedürfnis gerade jener, die eine Heranziehung dieser Materialien grundsätzlich nicht zulassen wollen. Es erlaubt ihnen nämlich ein Hinüberschielen in ihrer Auffassung nach nichtinterpretationswürdige Materialien[59], durch das sie sich eine Bestätigung der Ergebnisse erhoffen, die sie auf der Grundlage ihrer künstlich eingeengten Auslegungsbasis erzielt haben[60]. Zur Frage schließlich, was zu geschehen habe, falls die Heranziehung der genannten Materialien gegen alles Erwarten anstatt zur Bestätigung zur Korrektur des ursprünglich gewonnenen Ergebnisses führen müßte, kann eigentlich nur nur gesagt werden, daß diese Frage von der Konvention nicht offengelassen worden ist. In einem solchen Fall ist nämlich diese Heran-

---

[57] *Ibid.* Es heißt dort: "The word 'supplementary' emphasizes that article 28 does not provide for alternative, autonomous means of interpretation..."

[58] Allerdings sind auf der Wiener Vertragsrechtskonferenz auch Stimmen im gegenteiligen Sinn laut geworden. So vertrat für Österreich Professor *Zemanek* den Standpunkt, die für die Interpretationsbestimmungen notwendige Flexibilität — die also offenbar nach *Zemanek* entgegen der herrschenden methodologischen Auffassung eine eigentliche „Regelung" der Auslegung nicht zuläßt — würde am besten durch eine Verstärkung der Rolle der *travaux préparatoires* erreicht: "Preparatory work was the key to the problem." UN Doc. A/CONF. 39/C. 1/SR. 33.

[59] Vgl. dazu die bezeichnenden Wendungen im Kommentar des *ILC-Drafts:* "... the provisions of article 28 by no means have the effect of drawing a rigid line between the 'supplementary' means of interpretation and the means included in article 27. The fact that article 28 admits recourse to the supplementary means for the purpose of 'confirming' the meaning resulting from the application of article 27 establishes a general link between the two articles and maintains the unity of the process of interpretation."

[60] Richtig stellt daher schon *Bernhardt* für den Weltgerichtshof fest: „In ... [den erwähnten] Urteilen und Gutachten des Ständigen Internationalen Gerichtshofs hat dieser zwar die Entscheidungserheblichkeit der Vorarbeiten bei klarem Vertragstext verneint, trotzdem aber einen Blick auf sie geworfen und erklärt, sie bestätigen das aus dem Text gewonnene Ergebnis oder widersprächen ihm jedenfalls nicht." Auslegung (1963), 62.

ziehung offenbar als konventions- und damit interpretationswidrig
— allenfalls mit geziemendem Bedauern — abzubrechen.

Das hier erhaltene Ergebnis hinsichtlich der Regelung des Art. 32 kann diese allerdings nicht als „richtig" oder „falsch", sondern nur als „zweckmäßig" oder „unzweckmäßig" qualifizieren. Hier wird eben jener Prozeß offenkundig, von dem gesagt worden ist, „die juristische Methodologie w[erde] dabei mehr oder weniger in die Jurisprudenz hinein aufgelöst und die Frage nach den Kriterien der Richtigkeit einer ‚Auslegung' zu der Frage nach der juristischen Maßgeblichkeit des jeweils vorgeschlagenen ‚Auslegungszieles' gewissermaßen depraviert"[61].

2. Ihre wahre Bedeutung

Damit sind wir bei der systemtranszendenten Deutung: Welche Bedeutung hat die Regelung des Art. 32 WVK wirklich, sobald sie des hermeneutischen Scheins entkleidet und auf ihre politische Wertigkeit hin befragt wird? Hier weist die Diskussion auf der Wiener Vertragsrechtskonferenz den Weg. Sie zeigt, daß mit der Regelung des Art. 32 eine Schutzbestimmung für neue und arme Staaten geschaffen werden sollte, für die man es als unzumutbare Belastung erachtete, sich Zugang zu den sog. ergänzenden Auslegungsmitteln verschaffen zu müssen. Dies ist ein klares internationales sozial-politisches Ziel und ist als solches für die Parteien und für jede sonst zur Beurteilung gerufene Instanz *beachtlich,* während die Bestimmung als bloß hermeneutische verfehlt und damit unbeachtlich wäre[62].

IV. Zusammenfassung

Fassen wir das Ergebnis unserer Analyse der Interpretationsbestimmungen der WVK zusammen, so können wir feststellen, daß es sich als eine getreue Konsequenz aus den herrschenden Auffassungen über die Auslegung völkerrechtlicher Verträge darstellt und damit der traditionellen Methodologie gefolgt ist.

Abgesehen davon, daß man es überhaupt unternehmen zu müssen geglaubt hat, die „Auslegung" völkerrechtlicher Verträge zu normieren, und weiters abgesehen davon, daß die der endgültigen Fassung der Regelung in der ILC und auf der Konferenz vorangegangene

---

[61] *Hruschka,* Das Verstehen von Rechtstexten (1972), 89.

[62] Daß es sich hier tatsächlich nicht bloß um eine verfehlte hermeneutische „Regel" handelt, zeigt der Umstand, daß der Ausschluß der *travaux préparatoires* zur paradoxen Situation führt, daß derjenige, der im ungebrochenen Überlieferungszusammenhang steht, schlechter gestellt ist als der, der nicht in diesem steht; kann er sich doch über die subjektive Lage des Partners von vornherein kein gesichertes Urteil bilden.

Diskussion weitgehend von der schiefen Fragestellung: Textinterpretation oder Ermittlung des wahren Parteiwillens beherrscht war, zeigt die Regelung auch sonst, wie die Schatten der traditionellen methodologischen Auslegungsdebatte die Ergebnisse, wie sie im Interpretationskanon der WVK vorliegen, verdunkelt haben. Daher die Ungereimtheit hinsichtlich der verschiedenen Gewichtung der auf das Abschlußverfahren bezüglichen Materialien — je nachdem nämlich, ob ihre Heranziehung zu einem bestätigenden Ergebnis führt oder nicht[63]. Daher die Konstruktion einer verdeckten Erweiterung des Zusammenhangbegriffes; daher das Zurückgreifen auf den die bloße Textinterpretation durchbrechenden, weil schon zu Beginn dieser Interpretation feststehenden Zweck des Vertrages. Methodenkrampf in hermeneutischer Verpackung[64].

Gerade das Zurückgreifen auf *object and purpose* könnte allerdings sogar die intendierte strenge Beschränkung der Interpretation auf den Text und den grundsätzlichen Ausschluß der vorbereitenden Materialien zu umgehen ermöglichen, falls man nämlich zur Feststellung dieses Zwecks gerade auf jene Materialien greift, deren Heranziehung für die eigentliche Interpretation verboten, zur Ermittlung von Zweck und Ziel des Vertrages aber nicht — jedenfalls nicht ausdrücklich — ausgeschlossen ist. Ein solches Verständnis der betreffenden Bestimmung mag rabulistisch erscheinen. Auf einem Gebiet aber, das traditionellerweise rabulistischer Argumentation zugänglich ist[65], mag sich ein Staat,

---

[63] Daß es sich hiebei um eine vom *hermeneutischen* Standpunkt aus unerträgliche, Treu und Glauben widersprechende Regelung handelt, auf deren politischen Charakter man daher noch viel expliziter hätte hinweisen sollen, zeigt die Intervention des portugiesischen Vertreters *Chrucho de Almeida* im 33. *Meeting* des CWh, UN Doc. A/CONF. 39/C. 1/SR. 33: "What would happen if, though the text of the treaty was apparently clear, in seeking confirmation in the preparatory work and other surrounding circumstances a divergent meaning came to light? ... If emphasis were placed on good faith, it would appear that in such a case those circumstances should be taken into consideration, although they did not lead to the confirmation of the meaning resulting from the application of article 27."

[64] Man wird den Delegierten zur Wiener Vertragsrechtskonferenz allerdings zugutehalten müssen, daß sich diese wohl kaum als das geeignete Forum zur Durchführung einer methodologischen Debatte darstellte; vielmehr war es ihnen aufgegeben, auf der Grundlage der vorerworbenen methodologischen Einsichten zu einem Ergebnis (auch) in der Auslegungsfrage zu kommen. Bei dem hohen Ansehen aber, das die traditionelle Methodologie auf diesem Gebiet genießt, war kaum zu erwarten, daß gerade dieses Forum an Methodenfragen weithin wenig interessierter Völkerrechtler, deren Aufmerksamkeit und Arbeitskraft während der Konferenz von ganz anderen, politisch brisanten Fragen in Anspruch genommen war, neue wegweisende methodologische Aussagen machen werde.

[65] Wir verweisen hier, anstatt auf Beispiele, auf einen Zeugen und berufen uns auf *Sir Gerald Fitzmaurices* köstliche Attacken gegen ein Beispiel dessen, was er „Stygian waters and Cimmerian darknes, or the new obscurantism" nennt („*Vae Victis* or Woe to the Negotiators! Your Treaty or Our ‚Interpretation' of It?", 65 AJIL [1971], auf 360).

der sich mit der politischen Entscheidung der Wiener Vertragsrechtskonferenz, *travaux préparatoires* und andere „ergänzende Auslegungsmittel" grundsätzlich nicht heranziehen zu lassen, nicht identifiziert und sich nicht an sie gebunden erachtet, durchaus ebenfalls einer solchen Argumentation bedienen, um einen für ihn günstigen Ausgang des konkreten „Interpretationsfalles" zu erreichen.

Ergebnis

Im Zweiten Teil dieser Untersuchung haben wir uns bemüht, darzutun, daß die herkömmlichen methodologischen Versuche auf dem Gebiet der Auslegung von Rechtstexten prinzipiell verfehlt sind, weil das Problem der Erarbeitung von Regeln für Vorgänge, die sich — wie Verstehen und Auslegen (Zum-Verstehen-Bringen) — nicht regeln lassen, einer solchen Regelung aber auch gar nicht bedürfen, ein Scheinproblem darstellt. Dies gilt auch und gerade für eine „juristische" Hermeneutik, die ihre Ergebnisse gerne als verbindlich dartut, sei es in der solennen Form einer *communis opinio doctorum* (die allerdings in Wahrheit gerade auf diesem Gebiet über ein „agree to disagree" nicht hinauskommt), sei es gar in der Rechtssatzform innerstaatlicher oder völkerrechtlicher „Interpretationsnormen".

Von den traditionell angebotenen „Regeln" haben sich nur die uneigentlich hermeneutischen als verbindlich dartun lassen. Als einzige „notwendige" Regel hat sich dabei jene herausgestellt, nach der auch beim „Auslegen" *bona fide* vorzugehen, ein gegen Treu und Glauben verstoßendes spitzfindiges dem einmal Erkannten Sich-Entziehen also verboten ist. Unabhängig davon, ob diese Regel in einer bestimmten Rechtsordnung in die Form einer Norm gebracht worden ist oder nicht, muß sie doch stets vorausgesetzt werden — als Teil der ganz allgemeinen Pflicht zur *bona fides*, ohne deren Beobachtung jede Rechtsordnung zusammenbrechen würde.

Daneben finden sich im gesatzten Recht einzelne Normen, die sich als hermeneutische „Regeln" dartun, in Wahrheit aber einen bestimmten politischen Zweck verfolgen. Wo dies eindeutig ist — also nicht bloß eine verfehlte hermeneutische „Regel" vorliegt —, ist eine solche Norm (wie jede andere auch) von den Normadressaten selbstverständlich zu beachten.

Im Dritten Teil haben wir die Ergebnisse des Zweiten als Maß zur Beurteilung des „Interpretationskanons" der WVK 1969 angelegt. Entsprechend haben sich als rechtlich relevant von den dort gegebenen „Regeln" nur die Pflicht zur Vertragsauslegung nach Treu und Glauben und das Verbot der Heranziehung sog. ergänzender Auslegungsmittel (ausgenommen in bestimmten Fällen) erweisen lassen. Die übrigen „Regeln" sind als echt hermeneutische — also als Anleitung zum Verstehen durch Auslegung— konzipiert und daher ihrer Natur nach entweder überflüssig oder unbeachtlich.

So stellen sich die Interpretationsbestimmungen der WVK nicht als Beendigung der im internationalen, besonders auch völkerrechtswissenschaftlichen Bereich über die Vertragsauslegung geführten Diskussion, deren Resultaten der Erste Teil dieser Untersuchung gewidmet war, dar, sondern bloß als weiterer Beitrag zu derselben, der noch dazu — weil entscheidend von der herkömmlichen Methodologie bestimmt — verfehlt ist[1]. Die Diskussion wird vielmehr erst mit der Einsicht enden, daß Verstehen und Auslegung nicht zu „regeln", geschweige denn zu normieren sind.

Damit wird im Völkerrecht wohl auch für die Zukunft in der Praxis[2] Maßstab einer — und ich bevorzuge hier zu sagen: guten (anstelle von: richtigen)[3] — Interpretation das zweckmäßige, d. h. sachorientierte Ergebnis sein, das für die Parteien annehmbar ist und so bewirkt, daß internationale Konflikte vermieden werden, wodurch zum eigentlichen Ziel des Völkerrechts, dem Friedensziel, am besten beigetragen ist. Es ist daher dem beizupflichten, was Professor *Verdross* schon vor zwölf Jahren im Rahmen der ILC ausgesprochen hat:

„Ein Staat, der einen von ihm abgeschlossenen Vertrag auszulegen wünscht, wird die Regeln [der Konvention betreffend die Interpretation] als Richtschnur nehmen. Zwei Staaten jedoch, die einen Vertrag abgeschlossen haben, sind durch diese Regeln nicht gebunden, weil es ihnen offen steht, andere Interpretationsmittel heranzuziehen[4]."

---

[1] Das hat schon der griechische Delegierte *Krispis* im 32. *Meeting* des CWh anklingen lassen: "[I]nterpretation of a treaty was essentially a mental process of attempting to establish the intention of the parties to the treaty as expressed in words ... Consequently, interpretation could not obey set rules. If a treaty contained one or more rules as to its interpretation, those rules themselves would need to be interpreted, but at that point no rules of interpretation would be available ... there was a vicious circle and thus it would be vain to set down rules about interpretation ..." UN Doc. A/ CONF. 39/C. 1/SR. 32.

[2] Derem Plebiszit nach dem Schöpfer der österreichischen Zivilprozeßordnung, *Franz Klein*, jede rechtliche Regelung unterworfen ist.

[3] Um ganz klar werden zu lassen, daß sich die „Richtigkeit" einer Interpretation nicht an irgendeiner „methodischen Reinheit", sondern allein daran bemißt, ob sie den Gegenstand, der in Rede steht, zum sprechen gebracht (was nach *Gadamer*, Wahrheit und Methode [2. Aufl. 1965], XXVII, die Aufgabe der Wissenschaft ganz allgemein ist) und auf ihn hingehört hat.

[4] 765. *Meeting*, YBILC 1964 I/1, 279; Übersetzung vom Verf. Vgl. auch die diesbezügliche Feststellung *Agos*, *ibid.*, 280: "If the parties agreed to interpret the treaty in another way, there was nothing to prevent them from doing so."

Summary

In spite of the continuing codification of international law and the resulting progressive transformation from earlier prevailing customary to treaty law, establishing the existence of relative positive international law and its formulation in a legal norm has remained the primary task in state practice and doctrine. While not completely neglecting all methods, the doctrine of international law has been less concerned with methodological questions than other juridical disciplines. A methodology of, or even a methodological consciousness in, the doctrine of international law has sometimes been denied.

Whether this is to be regarded as a negative fact or not is dependent on whether or not methodological considerations are believed to contribute to the improved understanding of international law. Here, however, opinions are divided; while some find the lack of methodological considerations and the resulting — as they conclude — lack of methods (in the strict sense of the word) in the establishment of international law deplorable, others venture that international legal doctrine may congratulate itself on the fact that necessary concentration on the establishment and formulation of practical rules, urged on by constant change on the international level, has so far kept it out of methodological quarrels which in the end are doomed to prove futile. A pragmatic point of view, according to which each and every method is useful as long as it promotes the search for knowledge, may be said to be dominant in international legal doctrine.

The present study does not claim to answer the question of the necessity or usefulness of a methodology of international law. In fact, it is not meant as a direct contribution to this discussion at all. Yet, it may indirectly contribute, for it deals with a problem treated extensively in works on legal methodology, the problem of interpretation. If methodological considerations should have so far proved an obstacle to the clarification of this problem within the framework of a doctrine of positive international law, it would have to be regarded as serious from a theoretical standpoint; if these considerations should have become an impediment to the progressive development of international law called for by article 13, paragraph 1, lit. a, of the United Nations Charter, it would be regrettable from a political point of view. In this context at least, the value of traditional methodology would become questionable.

The present study is divided into three parts. Part I is meant to give a systematic survey of what practice and doctrine — not infrequently united on the benches of international courts or arbitral commissions — have produced pertaining to the problem of interpretation, before the question was taken up for codification by the United Nations Conference on the Law of Treaties, held in Vienna in 1968/69. Part II attempts to introduce certain fundamental considerations concerning interpretation, and to distinguish relevant from legally irrelevant „rules" of — or better, for — interpretation. In Part III, articles 31 and 32 of the Vienna Convention on the Law of Treaties, dealing with interpretation, are analyzed to discover whether they have added anything to the results of traditional methodology.

An inquiry into doctrine and accessible state practice shows that, while questions of interpretation have played a not insignificant role in connection with international treaties, the results obtained in dealing with these questions are rather meagre, whether this is based on the nature of interpretation itself or on a conscious prudence on the part of those called upon to interpret, a prudence which, in turn, has its foundation in the awareness of the special nature of questions of interpretation.

Doctrine and practice prior to the codification of international treaty law had been characterized by an attitude so well described in the Commentary to the Harvard Draft of 1935 with regard to the PCIJ:

> "It should be noted ... that the Permanent Court has formulated relatively few rules of interpretation, and that it has usually stated them with such qualifications as to leave itself completely free to apply them or not accordingly as the circumstances and evidence in a particular case may require[1]."

A closer scrutiny into the nature of what is called interpretation shows that interpretation — as a way to understanding — is a hermeneutical problem and as such does not have a specific place in legal theory. Insofar as understanding — and interpretation — cannot be regulated by "rules", all methodological considerations concerning "correct" understanding and "correct" interpretation deal with an illusory problem. If legal rules of interpretation have any meaning at all, this cannot be due to their purely hermeneutical character, for in this case they are either self-evident and thereby superfluous, or misleading and thereby irrelevant. It is due exclusively to the political aims persued in setting up such rules. Establishing these "political" rules of interpretation and delimitating them from the "hermeneutical" rules of interpretation thus proves to be the real task in connection with the whole problem of interpretation. This applies also to the rules of interpretation contained in the Vienna Convention on the Law of Treaties of 1969.

A scrutiny of articles 31 and 32 of this convention shows, however, that they are but a consequence of the traditional methodological concepts concerning the interpretation of international treaties. Apart from the fact that a "regulation" of interpretation has been, with little opposition, regarded necessary at all, the final version of these "rules" has become ambiguous, to say the least. The only "political" rule which can be clearly established, is contained in article 32 and prohibits — in principle — the reference to preparatory works and other supplementary means of interpretation, in favor of the "textual" approach. But articles 31 and 32 have been formulated in such a way that even this rule might be circumvented by a wily invocation of the object and purpose of the treaty.

It seems therefore certain that articles 31 and 32 of the Vienna Convention will not be the end of the discussion on the interpretation of international treaties, but merely another contribution to this discussion. This discussion will not end before it has been universally recognized that understanding and interpretation cannot be subject to "rules", let alone legal ones.

---

[1] Law of Treaties, 29 AJIL (1935 Suppl.), 943.

In international practice, the standard of good (rather than "correct") interpretation will continue to be the result suitable to the object in view, acceptable to the parties concerned and thus tending to avoid international conflicts; therefore good interpretation contributes to the primary goal of international law, that is to say, international peace.

To articles 31 and 32 of the Vienna Convention on the Law of Treaties of 1969 however applies what Professor *Verdross*, in his capacity as a member of the International Law Commission, has said with regard to this subject in general:

"... a State wishing to interpret a treaty which it had concluded would take the rules as a guide. But, in a case where two States had concluded a treaty, they would not be bound by the rules in question because they could agree to use other means of interpretation[2]."

---

[2] 765th Meeting of the ILC, YBILC 1964 I/1, 279.

Literaturverzeichnis

Accioly, Hildebrando: Tratado de Direito Internacional Publico II (Rio de Janeiro 1934).

Agrawala, S. K.: Essays on the Laws of Treaties (Bombay—Calcutta—Madras —New Delhi 1972).

Anzilotti, Dionisio: Lehrbuch des Völkerrechts I (deutsche Übersetzung der 3. Aufl., Berlin—Leipzig 1929).

Barassi, Lodovico: Istituzioni di Diritto Civile (4. Aufl., Mailand 1955).

Barbero, Domenico: Sistema Istituzionale del Diritto Privato Italiano I (4. Aufl., Turin 1955).

Baumgartner / Krings s. *Krings / Baumgartner*.

Beckett, Sir Eric: „Bemerkungen zum Bericht Lauterpachts ‚De l'interprétation des traités'", 43 Annuaire de l'Institut de Droit International I (1950), 435 ff.

Berber, Friedrich: Lehrbuch des Völkerrechts I (2. Aufl., München 1975).

Berlia, Georges: „Contribution à l'interprétation des traités", 114 RdC (1965), 283 ff.

Bernhardt, Rudolf: Die Auslegung völkerrechtlicher Verträge insbesondere in der neueren Rechtsprechung internationaler Gerichte (Köln—Berlin 1963).

Betti, Emilio: Allgemeine Auslegungslehre als Methodik der Geisteswissenschaften (Tübingen 1967).

Bierling, Ernst Rudolf: Juristische Prinzipienlehre IV (Tübingen 1911).

Bishop, William W., Jr.: International Law (3. Aufl., Boston—Toronto 1971).

Blühdorn, Rudolf: „Le fonctionnement et la jurisprudence des tribunaux arbitraux mixtes", 41 RdC (1932), 141 ff.

Borell y Soler, Antonio M.: Derecho civil vigente en Cataluña I (2. Aufl., Barcelona 1944).

Bormann, C. v., R. *Kuhlen* und L. *Oeing-Hanhoff:* „Denken", Historisches Wörterbuch der Philosophie II (hrsg. von *Joachim Ritter*, Basel—Stuttgart 1972), Sp. 60 ff.

Bracht, H. W.: „Die Auslegung internationaler Verträge in der sowjetischen Völkerrechtslehre", 7 Osteuroparecht (1961), 66 ff.

Brierly, J. L.: Law of Nations (2. Aufl., Oxford 1936).

Briggs, Herbert W.: „The *Travaux Préparatoires* of the Vienna Convention on the Law of Treaties", 65 AJIL (1971), 705 ff.

— „Towards the Rule of Law", 51 AJIL (1957), 517 ff.

— „United States and the International Court of Justice", 53 AJIL (1959), 6 ff.

Brown, Philip Marshall: „The Interpretation of Treaties", 23 AJIL (1929), 819 ff.

Brownlie, Ian: Principles of Public International Law (Oxford 1966).

Brusiin, Otto: „Über das juristische Denken", 17 Commentationes Humanarum Litterarum (1951), Heft 5.

Buergenthal / Sohn s. *Sohn / Buergenthal.*

Bülck, Hartwig: „Vertragsauslegung", WV III (2. Aufl. 1962), 547 ff.

Burckhardt, Walter: Methode und System des Rechts (Zürich 1936).

Bustamante y Sirven, Antonio Sanchez de: Droit international public III (franz. Übersetzung Paris 1936).

Bydlinski, Franz: „Gesetzeslücke, § 7 ABGB und die ‚Reine Rechtslehre'", Festschrift für Gschnitzer, (Innsbruck 1969), 101 ff.

Bynkershoek, Cornelius van: Quaestionum juris publici libri duo (1737).

Caicedo Castilla, José: „La Conférence de Vienne sur le droit des traités", 73 RGDIP (1969), 790 ff.

Canaris, Claus-Wilhelm: Systemdenken und Systembegriff in der Jurisprudenz (Berlin 1969).

Castan Tobeñas, José: Derecho civil español, común y foral I (9. Aufl., Madrid 1955).

Caveré, Louis: Le droit international public positif II (Paris 1962).

Cheng, Bin: General Principles of Law as Applied by International Courts and Tribunals (London 1953).

Cohen, Hermann: Logik der reinen Erkenntnis (2. Aufl., Berlin 1914).

Coing, Helmut: Die juristischen Auslegungsmethoden und die Lehren der allgemeinen Hermeneutik (Köln—Opladen 1959).

— Juristische Methodenlehre (Berlin—New York 1972).

Crandall, Samuel Benjamin: Treaties: Their Making and Enforcement (2. Aufl., Washington 1916).

Dahm, Georg: Völkerrecht III (Stuttgart 1961).

Dalton / Kearney s. *Kearney / Dalton.*

Degan, V. D.: L'interprétation des accords en droit international (Den Haag 1963).

— „Procédés d'interprétation tirés de la jurisprudence de la Cour de justice des Communautés européennes", RTDE (1966), 189 ff.

Delbez, Louis: Les principes généraux du droit international public (3. Aufl., Paris 1964).

De Visscher, Charles: Problèmes d'interprétation judiciaire en droit international public (Paris 1963).

— „Remarques sur l'interprétation dite textuelle des traités internationaux", Varia Iuris Gentium (für Jean Pierre Andrien François, 1959 = 6 Nederlands Tijdschrift voor Internationaal Recht [1959], 383 ff.).

Distaso, Nicolà: I contratti in generale II (Turin 1966).

Ehrlich, Ludwik: „L'interprétation des traités", 24 RdC (1928), 5 ff.

Ehmke, Horst: „Prinzipien der Verfassungsinterpretation", 20 VVDStRL (1963), 53 ff.

Engisch, Karl: Einführung in das juristische Denken (5. Aufl., Stuttgart—Berlin—Köln—Mainz 1971).

Enneccerus, Ludwig, und Hans Carl *Nipperdey:* Allgemeiner Teil des Bürgerlichen Rechts, 1. Halbband (14. Aufl., Tübingen 1952).

Erman, Walter, Hrsg.: Handkommentar zum Bürgerlichen Gesetzbuch I 4. Aufl., Münster/Westfalen 1967).

Esser, Josef: Vorverständnis und Methodenwahl in der Rechtsfindung (Frankfurt 1972).

Fachiri, Alexander P.: „Interpretation of Treaties", 23 AJIL (1929), 745 ff.

Fauchille, Paul: Traité de droit international public I/3 (8. Aufl. von *Bonfils,* Paris 1926).

Favre, Antoine: „Interprétation objectiviste des traités internationaux", 17 Schweizerisches Jahrbuch für Internationales Recht (1960), 75 ff.

Fiore, Pasquale: Le droit international codifié et sa sanction juridique (franz. Übersetzung 1911 von *Ch. Antoine,* Paris).

Fischer, Peter: Die internationale Konzession (Wien—New York 1974).

Fischer, Peter, und Heribert Franz *Köck:* „Das Recht der völkerrechtlichen Verträge nach der zweiten Session der Wiener Vertragsrechtskonferenz der Vereinten Nationen", 9 ÖZA (1969), 275 ff.

— „Das völkerrechtliche Vertragsrecht im Lichte der ersten Session der Wiener Vertragsrechtskonferenz der Vereinten Nationen", 23 ÖJZ (1968), 505 ff.

Fitzmaurice, Sir Gerald: „De l'interprétation des traités", 46 Annuaire de l'Institut de droit international (1956), 317 ff.

— „The Law and Procedures of the International Court of Justice 1951 - 1954: Treaty Interpretation and Other Treaty Points", 33 BYIL (1957), 203 ff.

— „Vae Victis or Woe to the Negotiators! Your Treaty or Our ‚Interpretation' of It?", 65 AJIL (1971), 358 ff.

Friedmann, Wolfgang: The Changing Structure of International Law (1964).

Gadamer, Hans-Georg: „Hermeneutik", Historisches Wörterbuch der Philosophie III (hrsg. von *Joachim Ritter,* Basel—Stuttgart 1974), Sp. 1061 ff.

— Wahrheit und Methode (2. Aufl., Tübingen 1965).

Germann, O. A.: Methodische Grundfragen (Basel 1946).

Gross, Leo: „Treaty Interpretation: The Proper Role of an International Tribunal", PASIL (1969), 108 ff.

Grotius, Hugo: De iure belli as pacis libri tres (Amsterdam 1625).

Gschnitzer / Klang s. *Klang / Gschnitzer.*

Guggenheim, Paul: Repertoire suisse de droit international public I (Basel 1975).

— Traité de Droit international public I (Genf 1953).

Hackworth, Green Haywood: Digest of International Law V (Washington 1943).

Hall, William Edward: A Treatise of International Law (7. Aufl. hrsg. von *Pearce Higgins,* Oxford 1917).

Hambro, Edvard: The Case Law of the International Court (Leyden 1952).

Hartmann, Eduard v.: Philosophie des Unbewußten, 3 Bde. (Berlin 1869).

Heck, Philipp: Gesetzesauslegung und Interessensjurisprudenz (Tübingen 1914).

Hegel, Georg Wilhelm Friedrich: Enzyklopädie der philosophischen Wissenschaft (3. Aufl., Heidelberg 1830).

Heidegger, Martin: Sein und Zeit (7. Aufl., Tübingen 1960).

Heinsheimer, Karl, et al.: Code civil (Die Zivilgesetze der Gegenwart. Sammlung europäischer und außereuropäischer Privatrechtsquellen I [Mannheim—Berlin—Leipzig 1932]).

Heyde, J. E.: „Vom Sinn des Wortes Sinn. Prolegomena zu einer Philosohie des Sinnes", Sinn und Sein. Ein philosophisches Symposion (hrsg. von Richard Wisser, 1960), 69 ff.

Hruschka, Joachim: Das Verstehen von Rechtstexten (München 1972).

Hudson, Manley O.: The Permanent Court of International Justice (New York 1943).

— „The World Court: America's Declaration Accepting Jurisdiction", 32 ABAJ (1946), 832 ff.

Hume, David: An Equiry Concerning Human Understanding (hrsg. von L. A. *Selby-Bigge*, 1963 Nachdruck der 2. Aufl., London 1902).

Hummer, Waldemar: „‚Ordinary' versus ‚Special' Meaning", 26 (NF) ÖZöR (1975), 87 ff.

Husserl, Edmund: Logische Untersuchungen II/2 (4. Aufl. 1968).

Hyde, Charles Cheney: „Concerning the Interpretation of Treaties", 3 AJIL (1909), 46 ff.

— International Law Chiefly as Interpreted and Applied by the United States II (2. Aufl. 1947).

— „The Interpretation of Treaties by the Permanent Court of International Justice", 24 AJIL (1930), 1 ff.

Jaenicke, Günther: „Völkerrechtsquellen", WV III (2. Aufl., Berlin 1962), 766 ff.

Kant, Immanuel: Kritik der Reinen Vernunft I (Bd. III der 10bdg., von *Wilhelm Weihschedel* hrsg. Werke, Darmstadt 1956/1968).

Kaufmann, Arthur, Hrsg.: Die ontologische Begründung des Rechts (Darmstadt 1965).

Kearney, Richard D., und Robert E. *Dalton:* „The Treaty on Treaties", 64 AJIL (1970), 495 ff.

Kelsen, Hans und Robert W. *Tucker*: Principles of International Law (2. Auflage, New York—Chicago—San Francisco—Toronto—London 1967).

Kiss, Alexandre-Charles: Répertoire de la pratique française en matière de droit international public I (Paris 1962).

Klang, Heinrich, und Franz *Gschnitzer:* Kommentar zum Allgemeinen bürgerlichen Gesetzbuch (2. Aufl., Wien 1964 ff.).

Klug, Ulrich: Juristische Logik (Berlin—Heidelberg—New York, 3. Aufl. 1966).

Köck, Heribert Franz: „Der Beitritt zu völkerrechtlichen Verträgen", 20 (NF) ÖZöR (1970), 217 ff.

— Die völkerrechtliche Stellung des Hl. Stuhls. Dargestellt an seinen Beziehungen zu Staaten und internationalen Organisationen (Berlin 1975).

— „The ‚Changed Circumstances' Clause After the United Nations Conference on the Law of Treaties (1968 - 69)", 4 GJICL (1974), 93 ff.

Köck / Fischer s. *Fischer / Köck.*

Koziol, Helmut, und Rudolf *Welser:* Grundriß des bürgerlichen Rechts I (3. Aufl., Wien 1973).

Kraft, Victor: Die Grundformen der wissenschaftlichen Methoden (2. Aufl., Wien 1973).

Krings, H., und M. *Baumgartner:* „Erkennen, Erkenntnis", Historisches Wörterbuch der Philosophie II (hrsg. von *Joachim Ritter,* Basel—Stuttgart 1972), Sp. 643 ff.

Kuhlen / Bormann / Oeing-Hanhoff s. *Bormann / Kuhlen / Oeing-Hanhoff.*

Lakebrink, Bernhard: Klassische Metaphysik. Eine Auseinandersetzung mit der existentialen Anthropozentrik (Freiburg/Breisgau 1967).

Lang, Winfried: „Les règles d'interprétation codifiées par la Convention de Vienne sur le Droit des Traités et les divers types de traités", 24 (NF) ÖZöR (1973), 113 ff.

Larenz, Karl: Methodenlehre der Rechtswissenschaft (3. Aufl., Berlin—Heidelberg—New York 1975).

Lasswell / McDougal / Miller s. *McDougal / Lasswell / Miller.*

Lauterpacht, Sir Hersch: „De l'interprétation des traités", 43 Annuaire de l'Institut de Droit international I (1950), 366 ff.

— „Les travaux préparatoires et l'interprétation des traités", 48 RdC (1934), 713 ff.

— Private Law Sources and Analogies of International Law (London 1927).

— „Restrictive Interpretation and the Principle of Effectiveness in the Interpretation of Treaties", 26 BYIL (1949), 48 ff.

— „Some Observations on the Preparatory Work in the Interpretation of Treaties", 48 Harvard Law Review (1935), 549 ff.

— The Development of International Law by the International Court (London 1958).

Lauterpacht / Oppenheim s. *Oppenheim / Lauterpacht.*

Liacouras, P. J.: „The International Court of Justice and Development of Useful ‚Rules of Interpretation' in the Process of Treaty Interpretation", PASIL (1965), 161 ff.

Liguori, Bruno, et al.: „Disposizioni sulla legge in generale", Commentario del Codice Civile I/1 (Turin 1966), 42 ff.

Locke, John: An Essay Concerning Human Understanding (1690).

Maresca, Adolfo: Il diritto dei trattati. La Convenzione codificatrice di Vienna del 23 Maggio 1969 (Mailand 1971).

Martens, Georg Friedrich: Nouveau Recueil Général de Traités, 3. Ser. X (hrsg. von *Triepel,* Leipzig 1922).

Marx, Karl, und Friedrich *Engels:* „Die deutsche Ideologie. Kritik der neuesten deutschen Philosophie und ihrer Repräsentanten Feuerbach, B. Bauer und Stirner, und des deutschen Sozialismus in seinen verschiedenen Propheten", *Marx / Engels,* Werke III (Berlin 1969), 9 ff.

McDougal, Myres S.: „The International Law Commission's Draft Articles Upon Interpretation: Textuality Redivivus", 61 AJIL (1967), 992.

McDougal, Myres S., Harold D. *Lasswell* und James C. *Miller:* The Interpretation of Agreements and World Public Order (New Haven—London 1967).

Lord McNair: The Law of Treaties (Oxford 1961).

Messner, Johannes: Das Naturrecht. Handbuch der gesellschaftsethik, Staatsethik und Wirtschaftsethik (4. Aufl., Innsbruck—Wien—München 1960).

Miller / McDougal / Lasswell s. *McDougal / Lasswell / Miller.*

Mirabelli, Giuseppe: „Dei contratti in generale", Commentario del Codice Civile IV/2 (2. Aufl., Turin 1967), 229 ff.

Moore, John Bassett: A Digest of International Law I (Washington 1906).

— Hrsg., International Adjudications Ancient and Modern I (New York 1929), II (ibid., 1930).

Morrison, C. C.: „Restrictive Interpretation of Sovereign-Limiting Treaties. The Practice of the European Human Rights System", 19 ICLQ (1970), 361 ff.

Mörsdorf, Klaus: Lehrbuch des Kirchenrechts I (11. Aufl., München—Paderborn—Wien 1964).

Moser, Johann Jacob: Versuch des neuesten Europäischen Völker-Rechts in Friedens- und Kriegs-Zeiten VIII (Frankfurt/Main 1779).

Nahlik: „La Conférence de Vienne sur le droit des traités. Une vue d'ensemble", 15 AFDI (1969), 24 ff.

Neri, Sergio: Sull'interpretazione dei trattati nel diritto internazionale (Mailand 1958).

Neuhold, Hanspeter: „Die Wiener Vertragsrechtskonvention 1969", 15 AV (1971), 1 ff.

— „Organs Competent to Conclude Treaties for International Organizations and the Internal Procedure Leading to the Decision to Be Bound by a Treaty and Negotiation and Conclusion of Treaties by International Organizations", ÖZöR, Suppl. I (1971), 195 ff.

— „The 1968 Session of the United Nations Conference on the Law of Treaties", 19 (NF) ÖZöR (1969), 59 ff.

Nipperdey / Enneccerus s. *Enneccerus / Nipperdey*.

O'Connel, D. P.: International Law I (London—Dobbs Ferry 1965).

Oeling-Hanoff / Bormann / Kuhlen s. *Bormann / Kuhlen / Oeling-Hanoff*.

Öhlinger, Theo: Der völkerrechtliche Vertrag im staatlichen Recht (Wien—New York 1973).

Oppenheim, L., und H. *Lauterpacht*: International Law I (8. Aufl., London 1957).

Parry, Clive: „The Law of Treaties", Manual of Public International Law (hrsg. v. *Sørensen*, 1968), 175 ff.

Paton, George Whitecross: A Textbook of Jurisprudence (3. Aufl., hrsg. von David P. Derham, Oxford 1964).

Phillimore, Sir R.: Commentaries Upon International Law II (3. Aufl., London 1879).

Planiol, Marcel, und Georges *Ripert*: Traité élémentaire de droit civil I (4. Aufl., Paris 1948).

Plucknett, Theodore F. T.: A Concise History of the Common Law (5. Aufl., Boston 1956).

Pradier-Fodéré, Paul: Traité de droit international public, 9. Bde. (Paris 1885 ff.).

Prantner, Robert: Malteserorden und Völkergemeinschaft (Berlin 1974).

Pratap, Dharma: „Interpretation of Treaties", Essays on the Law of Treaties (hrsg. von *Agrawala*, 1972), 55 ff.

Preuss, Lawrence: „Questions Resulting from the Connally Amendment", 32 ABAJ (1946), 660 ff.

Reiss, Werner: „Ich, du und die Kunst, miteinander zu reden", Die Presse vom 14./15. Februar 1976.
Reuter, Paul: Introduction au droit des traités (Paris 1972).
Ripert / Planiol s. *Planiol / Ripert*.
Ritter, Joachim, Hrsg.: Historisches Wörterbuch der Philosophie (Basel—Stuttgart 1971 ff.).
Rittler, Theodor: Lehrbuch des österreichischen Strafrechts I (2. Aufl., Wien 1954).
Rosenne, Shabtai: The Law of Treaties. A Guide to the Legislative History of the Vienna Convention (Leiden—Dobbs Ferry 1970).
— „Travaux préparatoires", 12 ICLQ (1963), 1378 ff.
Rousseau, Charles: Droit international public I (Paris 1970).
— Principes généraux du droit international public (Paris 1944).
Savigny, Friedrich Karl v.: Juristische Methodenlehre (hrsg. von *Gerhard Wesenberg*, Stuttgart 1951).
Schäffer, Heinz: Verfassungsinterpretation in Österreich (Wien—New York 1971).
Schambeck, Herbert: „Der Begriff der ‚Natur der Sache'", 10 (NF) ÖZöR (1960), 452 ff.
— Der Begriff der „Natur der Sache". Ein Beitrag zur rechtsphilosophischen Grundlagenforschung (Wien 1964).
Schild, Wolfgang: Strafrecht (Allgemeiner Teil) (in Vorber.).
Schlochauer, Hans-Jürgen, Hrsg.: Wörterbuch des Völkerrechts (begründet von *Karl Strupp*; 2. Aufl., 4 Bde., Berlin 1960 ff.).
Schneider, Peter: „Prinzipien der Verfassungsinterpretation", 20 VVdDStRL (1963), 1 ff.
Schopenhauer, Arthur: Werke (7 Bde., hrsg. von *J. Frauenstädt* und *A. Hübscher*, 2. Aufl., 1946, 4. Aufl. Wiesbaden 1967).
Schreiber, Rupert: Die Geltung von Rechtsnormen (1966).
Schüle, Adolf: „Methoden der Völkerrechtswissenschaft", 8 AV 1959/60), 129 ff.
— „Völkerrechtswissenschaft, Methoden der", WV III (2. Aufl., Berlin 1962), 775 ff.
Schwarzenberger, Georg: A Manual of International Law (5. Aufl., London 1967).
— International Law I (3. Aufl., London 1957).
Schweisfurth, Theodor: Der internationale Vertrag in der modernen sowjetischen Völkerrechtstheorie (Köln 1968).
Seidl-Hohenveldern, Ignaz: Das Recht der Internationalen Organisationen einschließlich der Supranationalen Gemeinschaften (Köln—Berlin—Bonn—München 1967).
Seiffert, Helmut: Einführung in die Wissenschaftstheorie I (5. Aufl., München 1972), II (3. Aufl., ibid. 1971).
Sharma, Surya P.: „The ILC Draft and Treaty Interpretation with Special Reference to Preparatory Works", 8 IJIL (1968), 367 ff.
Siebert / Soergel s. *Soergel / Siebert*.
Simma, Bruno: Das Reziprozitätselement im Zustandekommen völkerrechtlicher Verträge (Berlin 1972).

Simma, Bruno: Das Reziprozitätselement in der Entstehung des Völkergewohnheitsrechts (München—Salzburg 1970).

— „Reflections on Article 60 of the Vienna Convention on the Law of Treaties and Its Background in General International Law", 20 (NF) ÖZöR (1970), 5 ff.

Sinclair, I. M.: „Vienna Conference on the Law of Treaties", 19 ICLQ (1970), 47 ff.

Soergel, Hs. Th., und W. *Siebert:* Bürgerliches Gesetzbuch. Mit Einführungsgesetz und Nebengesetzen I (10. Aufl., Stuttgart 1967).

Sohn, Louis B., und Thomas *Buergenthal:* International Protection of Human Rights (Indianapolis—Kansas City—New York 1974).

Slusser / Triska s. *Triska / Slusser*.

Somló, Felix: Juristische Grundlehre (Leipzig 1917).

Sørensen, Max, Hrsg.: Manual of Public International Law (London—Melburne—Toronto—New York 1968).

Souberyol, Jacques: „L'interprétation internationale des traités et la considération de l'intention des parties", 85 JDI (1958), 686 ff.

Spinoza, Baruch de: „Tractatus de intellectus emendatione", Opera II (hrsg. von *C. Gebhardt;* Heidelberg 1925).

Sur, Serge: L'interprétation en droit international public (Paris 1974).

Triska, Jan F., und Robert M. *Slusser:* The Theory, Law, and Policy of Soviet Treaties (Stanford 1962).

Tucker / Kelsen s. *Kelsen / Tucker*.

Vattel, Emer de: Le droit des gens ou principes de la loi naturelle (London 1758).

Verdross, Alfred: Die Quellen des universalen Völkerrechts. Eine Einführung (Freiburg 1973).

— Grundlinien der antiken Rechts- und Staatsphilosophie (2. Aufl., Wien 1948).

— Völkerrecht (5. Aufl., Wien 1964).

Verosta, Stephan: Die Satzung der Vereinten Nationen und das Statut des Internationalen Gerichtshofs (Wien 1947).

— „Die Vertragsrechts-Konferenz der Vereinten Nationen 1968/69 und die Wiener Konvention über das Recht der Verträge", 29 ZaöRV (1969) 645 ff.

Walter, Robert: Österreichisches Bundesverfassungsrecht — System (Wien 1972).

Welser / Koziol s. *Koziol / Welser*.

Wenger, Karl: Die öffentliche Unternehmung (Wien—New York 1969).

Whiteman, Marjorie M.: Digest of International Law XIV (Washington 1970).

Wigmore, John Henry: A Treatise on the Anglo-American System of Evidence in Trials at Common Law I (3. Aufl., Boston 1940).

Wilson, R. R.: „Interpretation of Treaties. Contributions of the Permanent Court of International Justice to the Development of International Law", PASIL (1930), 39 ff.

Wimmer, Norbert: Materiales Verfassungsverständnis (Wien—New York 1971).

Winkler, Günther: Wertbetrachtung im Recht und ihre Grenzen (Wien—New York 1969).

Wittgenstein, Ludwig: Tractatus logico-philosophicus (Oxford 1921).

Woolsey, Theodore D.: Introduction to the Study of International Law (London 1879).

Wright, Quincy: „The International Court of Justice and the Interpretation of Multilateral Treaties", 41 AJIL (1947), 445 ff.

You, P.: „L'interprétation des traités et le rôle du préambule des traités dans cette interprétation", 20 RDISDP (1942), 25 ff.

Yü, Tsun-Chi: The Interpretation of Treaties (1927).

Zemanek, Karl: Das Vertragsrecht der internationalen Organisationen (Wien 1957).

— „Die Bedeutung der Kodifizierung des Völkerrechts für seine Anwendung", Internationale Festschrift für Alfred Verdross zum 80. Geburtstag (München—Salzburg 1971), 565 ff.

— „Was kann die Vergleichung staatlichen öffentlichen Rechts für das Recht der internationalen Organisationen leisten?", 24 ZaöRV (1964), 453 ff.

Zippelius, Reinhold: Einführung in die juristische Methodenlehre (München 1971).

Verzeichnis der zitierten Fälle

(Eine hochgesetzte Zahl bedeutet, daß der zitierte Fall auf der betreffenden Seite *nur* in der angegebenen Anmerkung erwähnt ist.)

Abu Dhabi Oil Case 29[58], 54[196]

Access to, or Anchorage in, the Port of Danzig, of Polish War Vessels 27, 86[31]

Acquisition of Polish Nationality 51[178]

Ambatielos-Fall 38[109], 90[44]

Arao Mines (Limited) Case 21[16]

Arbitral Award by the King of Spain on 23 December 1906 44[143]

Aufnahme in die VN (Aufnahmefall, erster) s. Conditions of Admission of a State to Membership in the United Nations

Aufnahmefall, zweiter s. Competence of the General Assembly for the Admission of a State to the United Nations

Auslegung von Art. V des Jay-Treaty von 1794 38

Brasilianischer Anleihen-Fall s. Case Concerning the Payment in Gold of the Brazilian Federal Loans Issued in France

Case Concerning Certain Norwegian Loans 42[132]

Case Concerning Rights of Nationals of the United States of America in Morocco 24[36], 30[63], 35

Case Concerning Right of Passage Over Indian Territory 41, 42

Case Concerning the Factory at Chorzów 45[151], 86[31]

Case Concerning the Payment in Gold of the Brazilian Federal Loans Issued in France 53

Case Concerning the Payment of Various Serbian Loans 49[169]

Case Concerning the Temple of Préah Vihéar 44[144]

Case Relating to Certain Aspects of the Laws on the Use of Languages in Education in Belgium 18[3]

Cayuga Indians Case 48[163]

Certain Expenses of the United Nations 43[138]

Chamizal Case 43[136], 44[141]

Competence of the European Commission of the Danube 35

Competence of the General Assembly for the Admission of a State to the United Nations 34, 38, 44[143], 46[152,155,156], 86[31]

Competence of the International Labour Organisation in Regard to International Regulation of the Conditions of Labour of Persons Employed in Agriculture 30[61], 34, 43[136]

Conditions of Admission of a State to Membership in the United Nations (Article 4 of the Charter) 17[3], 19[5], 24[33]

Consistency of Certain Danzig Legislative Decrees with the Constitution of the Free City 73[64]

Cook v. United States 30[63]

Corfu Channel Case 44[143], 50[172,173]

Deutsche Interessen in Oberschlesien-Fall 86[31]

Diversion of Water from the River Meuse 48[163]

Free Zones Case 49[172]

Geofrey v. Riggs 49[170], 52[182]

Georges Pinson-Fall 35[95]

Goetze v. United States 52[185]

In re D'Adamo's Estate 42[134]

Interhandel-Fall 42[132]

International Status of South-West Africa 44[143], 46[157], 50[172]

Interpretation of Para. 4 of the Annex Following Article 179 of the Treaty of Neuilly 43[136]

Interpretation of Peace Treaties with Bulgaria, Hungary and Romania 24[35], 50[176], 51[176]

Interpretation of the 1919 Convention Concerning Employment of Women During the Night 32, 33

Iversen-Fall 93[54]

Kronprins Gustav Adolf-Fall 41[127], 52[187], 53[188]

Lighthouses Case 36

Lisi v. Alitalia 87[36]

Lotus-Fall 34, 86[31]

Lusitania Case 21[16], 54[196]

Namibia-Fall 79[4]

Naomi-Russel-Fall 26[45]

North Atlantic Fisheries Case 43[136]

Oder-Kommissions-Fall 36

Pacific-Fall 41[127], 52[187], 53[188]

Polish Postal Service in Danzig 46[151,155]

Polnische Kriegsschiffe im Hafen von Danzig-Fall s. Access to, or Anchorage in, the Port of Danzig, of Polish War Vessels

Reservations to the Convention on Genocide 39[119]

Russian Indemnity Case 91[46]

Sambiaggio Case 21[16]

Südwestafrika-Fall 32[77]

The Amiable Isabella 54[196]

The Island of Timor Case 27[51]

Todok *et al.* v. Union State Bank of Harvard, Nebraska 30[63]

Tucker v. Alexandroff 48[161]

United States v. Payne 49[171]

Venezuelan Bond Case 21[17]

Vilas v. Manila 21[16]

Weitzenhoffer v. Germany 53[193]

Wimbledon-Fall 21[16], 52[186,187]

Zusammensetzung des Maritime Safety Committee der IMCO 89[41], 92[51]

Zuständigkeit Danziger Gerichte für Klagen gegen die Polnische Eisenbahnverwaltung 43[136]

Zuständigkeit der GV zur Aufnahme in die VN s. Competence of the General Assembly for the Admission of a State to the United Nations

Personenverzeichnis

(Eine hochgesetzte Zahl zeigt an, daß der genannte Name auf der betreffenden Seite *nur* in der angegebenen Anmerkung erwähnt ist.)

Accioly 20^{14}
Ago 99^4
Agrawala 58^6
Alvarez 46^{157}
Antoine 20^{14}
Anzilotti 20^{14}, 33
Azevedo 38

Barassi 57^3
Barbero 57^3
Bartoš 82^{16}
Basdevant 21^{16}
Baumgartner 70^{48a}
Beckett 19^{10}, 26^{43}, 38
Berber 23^{27}
Berlia 19^7
Bernhardt 18^7, 78^2, 79^5, 82^{17}, 83^{19}, 94^{60}
Betti 56^1
Bierling 56^1
Bishop 48^{163}
Black 54^{196}
Blühdorn 18^3
Borchard 20^{14}
Borel 41^{127}
Borell y Soler 57^3
Bormann 69^{48}
Bracht 27^{47}
Brandeis 30^{63}
Brierly 55^{197}, 78^2
Briggs 42^{132}, 77^2, 93^{55}
Brownlie 19^{10}
Buergenthal 73^{64}
Bülck 82^{17}
Bustamante y Sirven 62^{22}
Bydlinski 75^{74}
Bynkershoek 20^{13}

Caicedo Castilla 78^{2a}
Cardozo 42^{134}
Castan Tobeñas 57^3
Cavaré 84^{25}
Cheng 46^{154}
Chrucho de Almeida 96^{63}
Cohen 69^{48}
Coing 56^1

Connally 42^{132}
Crandall 20^{14}

Dahm 23^{27}
Dalton 78^{2a}
Degan 18^3, 51^{181}
Delbez 26^{44}
De Visscher 50^{172}, 51^{181}, 78^2, 82^{17}
Distaso 57^3

Ecker 61^{19}
Ehmke 56^2
Ehrlich 54^{196}
El Erian 92^{48}
Engels 69^{48}
Engisch 56^1
Enneccerus 56^2
Erman 57^3
Esser 56^1

Fachiri 19^7
Fauchille 20^{14}
Favre 60^{13}
Fiore 20^{14}
Fischer 29^{58}, 54^{196}, $78^{2a,3}$
Fitzmaurice 19^7, 21^{18}, 47^{160a}, 78^2, 96^{65}
Friedmann 48
Fromageot 33^{82}

Gadamer 56^1, 57^5, $58^{6,7}$, $60^{11,12}$, $61^{17,19}$, 63^{26}, $68^{44a,46}$, 70^{50}, 73^{67}, 89^{40}, 99^3
Gebhardt 70^{48a}
Germann 56^1
Goethe 93^{52}
Gross 18^3
Grotius 20^{13}
Gschnitzer 57^3, $84^{22,23}$, 85^{28}
Guggenheim 52^{186}, 53^{193}, 60^{13}
Gutzwiller 57^3

Hackworth 9, 26^{45}, 30^{63}, 32^{75}, 39^{118}, 42^{134}, $51^{180,181}$, 53^{193}, 54^{196}, 55^{197}
Hambro 18^3
Hartmann 69^{48}
Hay 50^{172}
Heck 56^1

Hegel 69[48]
Heidegger 69[48]
Heinsheimer 57[3]
Heyde 73[66]
Hruschka 61, 62, 63[25,26], 65[34], 66[40], 67[42], 70[49], 73[62,66], 74[68], 82[18], 95[61]
Hudson 25[40], 40[113], 42[132]
Hughes 30[63]
Hume 69[48]
Hummer 18[5]
Husserl 69[48]
Hyde 19[7], 25, 36, 38

Illich 57[3]

Jaenicke 21[15]
Jay 38
Jiménez de Aréchaga 77[2]

Kaden 57[3]
Kant 64[48]
Kaufmann 87[36]
Kaufmann A. 87[32]
Kearney 78[2a]
Kelsen 71[57]
Kiss 21[16]
Klang 57[3], 84[22]
Klein 99[2]
Köck 17[2], 36[101], 48[166], 73[63], 78[2a]
Koziol 56[2]
Kraft 69[48]
Krings 70[48a]
Krispis 87[34], 99[1]
Kuhlen 69[48]

Lakebrink 70[48]
Lang 18[5]
Lardy 27[51]
Larenz 25[38], 29[57], 56[1], 57[4,6], 58[7], 60[12,15], 61[21], 62[24], 63[25,26,27], 67[41], 68[44,46,47], 69[48], 70[50], 71, 72[59], 75[73], 76[76], 83[19], 89[40]
Lasswell 22[23], 30[66], 31[68], 42[135], 47[160a]
Lauterpacht 18[7], 21[20], 22[21], 23[27], 32[75], 39[117], 41[128], 212[132,133], 44[142,143], 51[179], 78[2], 79[5]
Lederer 29[60], 48[165], 52[183]
Liacouras 18[3]
Liguori 17[3]
Little 21[17]
Livingston 29[60], 48[165], 52[183]
Locke 69[48]
de Luna 87[35]

Maresca 78[2a], 79[4]
Martens 36[102]
Marx 69[48]
Mayer-Maly 60[12]
McDougal 22[23,25], 30[66], 31[68], 42[135], 47[160a], 91[47a]

McNair 18, 19, 27, 28[54], 43, 45[147], 47[159], 50[175], 54[196], 81[10]
Merk 57[3]
Messner 70[51]
Miller 22[23], 30[66], 31[68], 42[135], 47[160a]
Mirabelli 57[3]
Moore 9, 21[17], 24[30], 30[60,65], 31[74], 38[112], 45[146], 48[161,165], 49[168,170], 50[172], 52[182,183,185], 53[194], 54[196], 62[22]
Morrison 52[184]
Mörsdorf 56[2]

Nahlik 78[2a], 88[28a]
Neri 19[7], 82[17]
Neuhold 17[2], 78[2a]
Nipperdey 56[2]

O'Connel 26[46]
Oeing-Hanhoff 69[48]
Öhlinger 18[3]
Oppenheim 21[20], 23[27], 39[117], 41[128], 42[133], 44[142]

Parry 39[118]
Paton 56[1]
Phillimore 20[14]
Planiol 57[3]
Platon 76
Plucknett 48[162]
Pradier-Fodéré 26[45]
Prantner 17[2]
Pratop 58[6]
Preuss 42[132]

Reiss 61[20]
Reuter 77[2], 79[4], 90[42]
Ripert 57[3]
Ritter 68[44a], 69[48]
Rittler 56[2], 70[48a]
Rolin-Jaequemyns 33[82]
Rosenne 32[75], 78[2a], 87[35]
Rostorowski 33[82]
Rousseau 22[26], 51[181]

Santosuosso 57[3]
Savigny 56[1]
Schäfer 56[2]
Schambeck 86[32]
Schild 73[65]
Schneider 56[2]
Schopenhauer 69[48]
Schreiber 61[19]
Schücking 33[82]
Schüle 7[2,3]
Schwartz 57[3]
Schwarzenberger 24[34], 26[46], 28, 29, 37, 39
Schweisfurth 27[47]
Scott 20[13]

Seidl-Hohenveldern 43[138]
Seiffert 63[26,26a], 65[35], 68[45,46], 71
Sharma 32[75]
Siebert 57[3]
Simma 41[129], 79[4]
Sinclair 78[2a], 83[19], 92[48]
Slusser 27[47], 41[129]
Soergel 57[3]
Sohn 73[64]
Somló 56[1]
Souberyol 19[7]
Spender 32[77]
Spinoza 70[48a]
Strezov 17[1]
Sur 78[2a]

Triska 27[47]
Tsuruoka 92[49], 93[55]
Tucker 71[57]

Vattel 20, 21, 22, 26[45], 39[120], 50[172], 60[14]
Verdross 20[15], 23[27], 76[77], 80[9], 84[21], 99
Verosta 21[15], 78[2a]

Waldock 17[2], 43[138], 45[145,150], 51[177], 86[32], 87[33], 9
Walter 56[2]
Welser 56[2]
Wenger 47[160a]
Wharton 24[30], 31[74], 53[194], 62[22]
Whiteman 9, 20[14]
Wigmore 21[19]
Wilson 18[3]
Wimmer 56[2]
Winkler 75[75]
Wisser 73[66]
Wittgenstein 69[48], 70[48]
Wolff 57[3]
Woolsey 54[196]
Wright 18[3]

You 90[43]
Yü 19[7]

Zemanek 7[1], 8[4], 94[58]
Zippelius 56[1], 57[6]

Sachwortverzeichnis

(Eine hochgesetzte Zahl weist darauf hin, daß das betreffende Sachwort auf der angegebenen Seite *nur* in der genannten Anmerkung behandelt wird.)

ABGB 57³, 84, 85
Absicht der Parteien 26, 27, 50
Albanien 50¹⁷³
Alliierte (1. Weltkrieg) 53¹⁹³
Analogieverbot 72 f.
Annexe 30, 37, 90
Anwendung 57
Auslegung s. Interpretation
— im Gegensatz zu Interpretation 62²²

Bedeutung
— besondere 47, 87, 89
— gewöhnliche 46, 86, 87, 88, 89
— natürliche 46, 86
Beitritt 30, 36
Berner Konvention 1906 über das Verbot der Nachtarbeit von Frauen in der Industrie, revidiert in Washington 1919 s. Konvention über die Nachtarbeit von Frauen
BGB 57³, 85²⁸
Billigkeit 48 f.
bona fides 28⁵⁶, 47, 49, 53, 80, 85 f., 96⁶³, 98
Bulgarien 17¹

CIC 91⁴⁶
Code civil 57³
Codice civile 57³
Código civil 57³
clausula rebus sic stantibus 48¹⁶⁶
common law 36, 48
Connally-Amendment 42¹³²

Danzig, Freie Stadt 73⁶⁴
Denken 69⁴⁸, 70⁴⁸
Dialektik 69⁴⁸
Doktrin s. Völkerrechtslehre
Dritte Welt 32⁷⁷, 92

Effektivität 42, 49, 50
effet utile 43¹³⁸
equity s. Billigkeit
Erkennen 69
Erkenntniskritik 70⁴⁸ᵃ

Erkenntnistheorie 69
estoppel 44¹⁴²
Europäische Donaukommission, Statut der, 35⁹⁴
Europäische Menschenrechtskonvention 93⁵⁴

Fakultativklausel 24³¹
favor
— contractus 49
— libertatis 52
Frankreich 34, 36, 44¹⁴⁴
Friede 41¹²⁹, 99

GB 38, 90⁴⁴, 92⁴⁸
Gerichte
— internationale 17, 21, 24, 26, 28, 34, 36, 39, 47, 55, 78, 79⁵
— nationale 48¹⁶¹
Gerichtshof der Europäischen Gemeinschaften 18³
Gesetzgeber 72
— historischer 67
— und Interpretation 56
Gesetzeslücke 75⁷⁴
Gesetzessinn, normativer 29⁵⁷, 82
Gewohnheitsrecht 7; s. auch Völkergewohnheitsrecht
Ghana 47¹⁶⁰
Gleichheit der Staaten 41¹²⁹
Griechenland 36, 87³⁴, 90⁴⁴, 99¹
Grund- und Freiheitsrechte s. Menschenrechte
Gründungsvertrag einer internationalen Organisation 43¹³⁸

Hermeneutik, hermeneutisch 57⁵, 68 ff., 71, 75, 79, 80, 83¹⁹, 91, 95, 96
— juristische 68, 69, 72, 75, 89, 98
hermeneutischer Zirkel 68, 89
Hl. Stuhl 17²
Höhlengleichnis 76

IG 17³, 19⁵, 24, 27, 32⁷⁷, 34, 35, 37, 38, 41, 42¹³², 46¹⁵³,¹⁵⁶, 50¹⁷²,¹⁷³,¹⁷⁶, 79⁴, 88, 89⁴¹, 90⁴⁴, 93⁵¹

IG-Statut 24
— Art. 36 24³¹, 42¹³²
Art. 38 21¹⁵
ILC 17¹,², 55¹⁹⁷, 77², 80, 81, 82, 87, 91⁴⁷, 92⁴⁸,⁴⁹, 99
— Draft zur WVK 17¹, 19⁸, 77¹,², 79⁶, 80⁸, 85²⁷, 87, 88³⁸, 91⁴⁶, 93, 94, 95
implied powers 43¹³⁸
Indianer 45¹⁴⁶
Institut de droit international 81
International Commission of American Jurists 81¹²
Internationale Arbeitskonferenz 1919 32
Internationale Konferenz Amerikanischer Staaten, Siebente 81
Interpretation 8, 21, 22, 30, 37, 40, 41, 42, 48, 49, 56 ff., 61, 62, 71⁵⁶, 72, 74, 75, 98 f. und *passim*
— Aufgabe 58⁶
— Begriff 40¹²⁵
— Definition 22, 23, 60 ff.
— enge und weite 51 ff.
— Funktion 66 f.
— Gebotenheit und Erlaubtheit 20 ff.
— von Gesetzen 67 f., 84
— des Gründungsvertrags einer internationalen Organisation 43¹³⁸
— als juristisches Problem 71 ff.
— „klare" v. „richtige" 33
— kein mechanischer Prozess 23, 25
— Mittel der — 29 ff.; s. auch Interpretationsmittel
— objektiv-teleologische 67⁴¹
— und Positivisten 26⁴⁴
— Qualifizierung 23 ff.
— qualitative und quantitative 62²²
— Rationalität der — 25⁴¹, 71
— ob ein Rechtsvorgang 23, 25, 79 ff.
— schöpferisches Moment der — 25³⁸
— Terminologie 61, 62
— und Verstehen 57 ff.
— völkerrechtlicher Verträge 17, 18, 20, 51, 54, 55, 79 ff., 89, 95
— authentische 44
— und bona fides 28⁵⁶, 47, 49
— Funktion 22 f.
— im innerstaatlichen Bereich 18³
— Kompetenz zur — 24
— ob eine Kunst 78²
— mehrsprachiger 19¹¹
— objektive und subjektive 82¹⁷, 18
— und Politik 78²ᵃ, 79, 80, 83¹⁹, 95, 97, 98
— ob ein Rechtsvorgang 17³, 24³²
— Ziel 26 ff.
— Ziel 67

Interpretationsmittel 85
— ergänzende 92 ff., 98
Interpretationsregeln 8, 27⁴⁷, 41, 42, 44, 45 ff., 69, 70, 71, 72, 75⁷⁴, 81¹ᵘ, 89
— in der sowjetischen Völkerrechtslehre 41¹²⁹
— „technische" 45¹⁴⁶
— völkerrechtliche 45 ff., 77 ff., 85 ff.
— Normcharakter 79 ff.
— Wert der 19

Jay-Treaty 1794 38
Judikatur 20¹⁵, 21¹⁵, 86³¹, 92

Kodifikation
— des Völkerrechts 7
— des völkerrechtlichen Vertragsrechts 8, 79⁴
Kommunikation 31
Konflikte, internationale 99
Konvention über die Nachtarbeit von Frauen 32, 33, 34

Lausanner FV 1923 34
lex humana 73⁶³
Lücken im Vertrag 50

Malteserorden 17²
Menschenrechte 52¹⁸⁴
Methode(n), -fragen 7, 8, 18, 69⁴⁸, 70⁴⁹, 71⁵³, 72, 76, 78, 80, 81, 86, 94⁵⁸, 95, 96, 98, 99
— juristische 56, 68, 74⁷¹, 95
— -purismus 7, 69⁴⁸, 99³
— völkerrechtliche 7, 8

Natur der Sache 86³²
Neustaaten 32⁷⁷, 92, 95
Nicaragua 44¹⁴³

object and purpose s. Zweck und Ziel des Vertrags
Organisation, internationale
— Gründungsvertrag 43¹³⁸
— Vertragsrecht der — 17²
Österreich 30⁶⁰, 48¹⁶⁵, 52¹⁸³, 78³, 94⁵⁸

Parteien s. Vertragsparteien
Phänomenologie 67⁴²
Polen 88³⁸ᵃ
Portugal 96⁶³
Präambel 30, 90
Praxis, internationale s. Staatenpraxis; Völkerrechtspraxis
Privatrecht 79⁵

Sachwortverzeichnis

Quasi-Annexe 37 f.

Ratifikation 30
Recht 74 s. auch Völkerrecht
— innerstaatliches 79[5], 84
— positives 66[40], 72, 75[74]
Rechtsordnung, positive 56[2]
Rechtsschulen
— angelsächsische 48
— kontinentale 48
Rechtssicherheit 28
Rechtsstaat 83
Restatement of the Law, Second 81
Reziprozität 41[129]

Sache 62[24], 65, 66[40], 67[41], 70[48,50], 73 f., 86, 88, 89, 99
Sanktionen 31
Schiedsgerichte, internationale 17, 24, 26, 28, 36, 47, 55, 78
Schweden 42[134]
Sicherheit, internationale 41[129]
Souveränität, staatliche 41[129], 51, 52
Sprache 61, 64, 73[67], 75[73]
— symbolische Zeichen- 75[73]
Sprachgebrauch
— allgemeiner 46, 61, 63, 64, 86[32]
— juristischer 61
Staatenkonferenzen 26
Staatenpraxis 9, 47[160], 52, 92; s. auch Völkerrechtspraxis
— vertragsbezügliche 42 ff.
Staatssekretariat, päpstliches 17[2]
Stämme, unabhängige, und Vertragsinterpretation 45[146]
Ständiger Schiedshof im Haag 91[46]
StIG 32, 33, 34, 35, 36, 43, 45[151], 46[154], 49[169,172], 51[178], 52[187], 53, 55, 73[64], 92
StIG-Statut 24
Strafrecht 72, 73[65]

Terminologie, völkerrechtliche 78[3]
Text 27, 29 ff., 39, 62[24], 63 ff., 66[40], 67, 73 ff., 80, 82, 83, 89, 90, 91, 93
— „klarer" 34, 58, 75
— objektiv bzw. subjektiv 63 f.
— Problematisierung des — 60
— „unklarer" 54, 58, 75
— objektiv bzw. subjektiv 64 ff.
Textsinn, objektiver 26, 28, 29, 82 f.
Tradition 63
travaux préparatoires 28[52], 32 ff., 38, 46[155], 72, 83, 92 ff.
— und common law 36 f., 92[48]

Ueberlieferungszusammenhang 63, 64, 65, 66, 95[62]
Unterhändler 38 f.

— Erklärungen der — 38, 39
Unterzeichnung 30
ut sit finis litium 41[126], 50

Vatikanstadt 73[63]
VBR 32
Vereinbarungen 84
Vernunft 69[48]
— -natur des Menschen 71[52]
— -wille 71, 80
Verstehen 57 ff., 61, 69, 70, 71, 73, 74, 75[77], 98, 99
Verstehensvoraussetzungen 64[32]
Versailler FV 1919 36[102], 53[193]
Verträge passim
— rechtsgeschäftliche 84
— rechtsetzende 84
Vertragsparteien 24, 31, 37, 40, 78, 79[5], 82, 85, 88, 90, 91, 92, 95, 99
Vertragspraxis 91; s. auch Staatenpraxis; Völkerrechtspraxis
Vertragsrecht 7; s. auch Völkervertragsrecht
Vertragsstaaten 17, 99
Vertragsverletzung 31
VK s. GB
VN, Hauptrechtsprechungsorgan der — 32[77]
Völkergewohnheitsrecht 8, 41, 79[4]
Völkerrecht 41, 77, 79, 83, 91
— und Billigkeit 48
— und common law 36, 48
— Kodifikation des — 7, 79[4]
— positives 7, 8
— und Privatrecht 79[5]
— progressive development 8
Völkerrechtslehre 7, 18, 20, 26, 38, 54, 55, 79[5]
Völkerrechtspraxis 7, 8, 17, 20, 21[15], 38, 54, 55, 79[5], 99; s. auch Staatenpraxis
Völkerrechtsquellen 20[15]
Völkerrechtssubjekte, nichtstaatliche 17[2]
Völkerrechtswissenschaft 7, 8, 21, 79, 99; s. auch Völkerrechtslehre
Völkervertragsrecht 8
VSt 30[60], 35, 38, 42[134], 44[144], 45[146], 48[165], 52[183], 93[53]

Warschauer Konvention 1929 87[36]
Weltgerichtshof 18[3], 19[8], 34, 76[2], 86[31], 92, 94[60]
Werte, rechtsimmanente 75[75]
Wiener Vertragsrechtskonferenz 1968/69 26[43], 78[2a], 81, 82, 92, 94, 95, 96
— Stellungnahmen auf der —, zum Interpretationsproblem
— Bulgarien 17[1]

— GB 92[48]
— Griechenland 87[34], 99[1]
— Österreich 94[58]
— Polen 88[38a]
— Portugal 96[63]
— VSt 93[53]
Wille 70, 71
— des Gesetzgebers 29[57], 67, 82
— „wahrer", der Parteien 26, 27, 29[59], 37, 82, 83[20], 96
Wissenschaft 57; s. auch Völkerrechtswissenschaft
— Begriff, scientistischer 76
WVK 1969 8, 9, 17[2], 55, 77 ff., 83 ff., 88 ff., 91, 95 ff.
— Art. 26 80[8]
— Art. 27 18[3]
— Art. 31 83 ff., 87, 88, 90
— Art. 31 und 32 19, 78, 79[4], 83 ff., 93
— Art. 32 83, 93, 94, 95
— Art. 33 19[11]
— Art. 60 79[4]
— Art. 62 48[166]
— Geltungsbereich, persönlicher 17[2]
— Interpretationsartikel 81, 95, 99; s. auch Art. 31 und 32
— Interpretationskanon 77 f., 83 ff., 89, 91, 94, 96
— Grundregel 83 ff., 90

Zivilprozeßordnung, österr. 99[2]
Zusammenhang 30 f., 87, 88, 89 ff.
— i. e. S. 30, 46
— i. w. S. 30, 39, 46
Zweck des Vertrags
— generell-abstrakter 40
— konkreter v. abstrakter 40
Zweck und Ziel des Vertrags 39 ff., 87, 88 ff.
Zwischenabhängigkeit 31

Printed by Libri Plureos GmbH
in Hamburg, Germany